鱼禾 著

作为作家，还是作为女人？

非常道

河南文艺出版社

目录
Contents

序

在无限的放逐中我爱你

为爱而生,这句话用来说女人,其实是不合适的。对女人而言,准确的概括应该是:为被爱而生。女性的血液里,似乎天生就潜伏了这样的被动——遇到那个人,接受那份无可替代的爱,成为爱情甚而成为另一个生命的燃料。许多女人的经验,我们读过的许多故事,仿佛仅仅如此。爱情,是女人的梦想;被爱情,仿佛才是女人的命运。

　　然而,还是有这样一些特殊的女人,以无与伦比的热情与对生命本身的坚贞,挣脱了这样的被动。在体见生命强度的精神生活之中,两性的局限被如此奇异地突破,两性关系中的冲突被如此优美地化解,消耗与伤害减弱到了最低的限度……于是,爱,化为无处不在的悲悯,成为人生的给养与支持。这样强大的消化力,至少有一部分,来自于她们的思考与写作。思想与创造性活动调动了她们全部的潜力,也让她们吸储着可能吸储的能量,天赋的女人性得到充分的尊重与理解,进而,使女人面对世界(当然也包括面对男人)的方式发生了质变。

　　作为女性,人生的局限与苦痛可能在怎样的意义上被克服?某个上午,我在阅读的间隙为自己点燃那天的第四支烟,就那样,懒散地、连贯地想了想我所喜欢的某些作者。这次偶然的回想仿佛微光,突然贯通了我的思考。我选择通读的这些女性作者,她们的共性显而易见:写作者,女性,反身份,左倾,无限的爱,坚决的拒绝。

一个意外的发现是，在她们的人生中都曾有过重大的迁徙——多丽丝·莱辛，从伊朗到南非，再从南非到伦敦；杜拉斯，从当时的法属殖民地印度支那（现南亚半岛）到巴黎；茨维塔耶娃，从俄罗斯流亡到柏林、布拉格、巴黎，最后返回俄罗斯；苏珊·桑塔格，自幼随寡居的母亲不断地迁徙，从纽约到迈阿密，从迈阿密到图森，再到加利福尼亚，而她的求学之路则把这种迁徙范围从本土扩大到异域，先是英国，再是巴黎，最后返回北美；伊萨克·迪内森，从丹麦到肯尼亚，再从肯尼亚到丹麦。看来这是一个规律："人在放逐他乡时，交出的成绩单总是比较漂亮一些。"（戈达尔）

她们的文字风格迥异，然而，却无一例外地由一种东西贯穿，那就是由浩漫的时空移转而导致的怀旧病、思乡病。开始总是隐忍的，越向后越明白，时空远隔衍生的感伤就越凌厉、越无道。于是，文字的能量便全部被吸噬，她们不厌其烦地、反反复复地，述说着"那时候"，"那个地方"，"那些人"。怀旧与思乡成为一种难以痊愈的隐疾，也成为无限幽深的隐喻，在林林总总的纪实或传奇中潜滋暗长。在如此辽阔的时空感觉里，所谓人际关系，包括爱情，就远了、小了，失却细节了。情感成为可供鸟瞰的碎片，成为一些点，有质量，有引力，但不触目，也不隆重。

人与人之间最难以克服的差别，不在于任何外部的异同。我们的至爱何在，我们喜欢以怎样的方式度过人生，在人之初，我们并不自知。直到我们遇见过，获得过，有过离丧，才不得不承认：终究，人与人之间的差别只有一个，那就是某种一成不变的内心想望。是的，在认真的人生追寻中，"唯一"的概念是存在的。在生命追问的意义上，在终极方向上，人与人的区别才会显得不可调和。《马语者》中有一位执迷于驯马的男人，被人问起与前妻分手的原因，他说：她觉得牧场"太大"；而自己，觉得芝加哥"太小"。其实，真正的、深刻的爱情，它的基础绝对不是可以像物品一样陈列的所谓条件，诸如背景、容貌、地位、修养、性格……这些

3

生命中的装饰或赘物,与爱情无关。真正的爱情,它的基础极其简单:你们的生命趋向一致——你喜欢不辞艰辛地从大堆的河沙里淘金子,那个人也喜欢;或者,你喜欢无所事事地仰望天空而无忧于身无长物,那个人也喜欢。

我们所在的这个缤纷世界里,有这样一些人,他们钟情于坚硬的内生活,他们钟情于以文字来发出自己的声音,他们只听从内心的召唤。他们喜欢待着的地方,与人们喜欢的"芝加哥"有距离,也许"太大",有些空旷可怖。这地方提供了无限风光,但它可能提供的、互为对应的精神际遇,并不那么稠密。这是否也是另一重境界的寂寞,我不知道。但是,我确信,那样的际遇如果有,就一定是绝版。

在生命深处我们都是孤独的。不同的是,这独属于人的孤独,有人可以触碰到,有人不能;有人可以安享,有人不能;有人让这孤独发出光芒,有人不能。因而,我所钟爱的这些女人,她们在怎样的意义上爱与放弃,常常成为数学试卷上最后一道讨论题,唯有记忆与经验可以凭藉,但没有一个现成的公式,可以用来懒惰地推理。

鱼禾

2011 年 10 月

多丽丝·莱辛：

Doris Lessing

我只是想要逃走

非常道

你怎么可能袖手旁观

性误解时代的爱情

浪漫爱情的核心在于，你永远无法获得

眷念，还是丧失

我只是想要逃走，一直如此

最后的那颗珍珠

多丽丝·莱辛,1919 年 10 月 22 日出生于波斯（现伊朗卡曼沙），英国作家,2007 年度诺贝尔文学奖获得者。

幼时全家迁居非洲南罗德西亚(现津巴布韦)。十三岁时由于患眼疾辍学,居家自修。十六岁开始工作,十九岁迁居索尔兹伯里,与弗兰克·韦斯顿结婚,生育一子一女。几年后离婚并脱离家庭。二战期间接触到当地左派读书俱乐部,与高特弗莱德·莱辛结婚,有了第三个孩子。两年之后离婚,携幼子移居伦敦。

多丽丝·莱辛是一位多产作家,从事创作至今六十余年,作品包括长篇小说十余部,短篇小说七十多部,两部剧本,一部诗集,多部评论与随笔集。1950 年,长篇小说《野草在歌唱》在伦敦正式出版,令她一举成名。1952 年到 1969 年,先后出版《暴力的孩子们》五部曲。1962年完成里程碑式作品《金色笔记》。《金色笔记》问世后引起巨大反响,被视为"女性主义案例的讲义和圣经",并以其主题的深刻性与文体形式的独特性,成为多丽丝·莱辛的代表性作品。七八十年代,陆续出版《天黑前的夏天》《好恐怖分子》《第五个孩子》及系列科幻小说《南船座老人星档案》。90 年代中期陆续出版自传性作品《非洲的笑声》《皮相之下》《行于幽暗》《甜蜜的梦》。世纪之交至今,出版《天黑之前的夏天》《又来了,爱情》《裂隙》等。

2007 年,多丽丝·莱辛在八十八岁高龄时获得诺贝尔文学奖。颁奖词称她"以怀疑主义、激情和想象力审视一个分裂的文明,她登上了这方面女性体验的史诗巅峰"。

Doris Lessing

也许，必须首先观看那个时代，理解生命在其中可能产生的重负与混乱，才能比较准确地理解多丽丝·莱辛的一切——立场，爱情，写作。

　　在多丽丝·莱辛的幼年时代，第一次世界大战尘埃甫定，苏俄成为世界无产阶级革命的中心，左翼政治运动以及以巴黎为中心、由艺术领域发端进而波及整个思想领域的超现实主义运动，正在欧洲蓬勃兴起。上世纪三四十年代，纳粹势力逐渐兴起并借助德国、意大利、西班牙等法西斯政权在欧洲肆虐，以苏俄政权为根据地的左翼阵营成为唯一可与纳粹势力抗衡的政治势力，也成为知识界、文艺界面对人类文明大倒退时的精神支持。战后，随着冷战形势的形成及左派阵营的分化，信仰失落与自我怀疑则成为知识界、文艺界普遍的精神困扰。

　　在那个时代成长起来的作家，不可能不受到来自意识形态和国际关系领域的双重震荡。相对于许多出身上流社会、衣食无忧的作家，多丽丝·莱辛经历的颠簸与冲突也许更为剧烈，更具有命运感。这种影响体见于个性，表现为一种深刻的恐慌和难以调和的自我矛盾；体见于创作，则是对立的主题、斑驳错杂的故事背景、性格分裂的人物以及愤怒而坚硬的语言。

　　多丽丝·莱辛是自我的对峙者。她以不可思议的效率汲取了属于那个时代的精神给养，但她的主张和创作却近乎绝对地反传统；她的作品

1962 年,《金色笔记》出版时的多丽丝·莱辛

被视为女权经典,她却声称反感女权,幻想两性之间的讲和。20 世纪五六十年代,多丽丝·莱辛的中年时期,那个让许多知识分子和艺术家感到迷惘与彷徨的时期,那个催生了不朽的《金色笔记》和反乌托邦系列文本的时期,比这位至今健在的高龄作家的任何人生时段都更引人注目。在那样一个人生阶段,青年时期的幼稚与莽撞已近销声匿迹,周遭的驳杂与巨变有如腐殖质喂养着树木,在这个人的身心之中植入了丰盛的势能。

中年莱辛的经历与文字里,兼有清教徒般的舍弃与几近放诞的沉溺,简直令人无从判别:作为女人,或作为作家,她在以怎样的角度感受世界,并坚持或修改着她自己?一个人该怎样克服那么漫长的困境,当物质生活的局促与梦想的重量是如此不成比例?

对这一眼望不到边的风景,我难免有些着迷。

一　你怎么可能袖手旁观

在相当长的时间里，在许多场合，多丽丝·莱辛并不是很受欢迎。她的态度与她的文字都表现得很愤怒，有显而易见的侵略性，甚至神经质。在西欧，作为一个加入又离开左派政治组织的人，作为一个改写社会性别话语习惯的女人，或作为颠覆文本传统的女作家，比起普通的写作者，更容易被误读、被拒绝、被围困。

早在英属殖民地南罗德西亚，多丽丝·莱辛怀着对底层艰辛生活的记忆和同情，参加了马克思主义小组。她的第二任丈夫高特弗莱德·莱辛，就是来自德国的流亡者，一名不折不扣的共产主义者。1949年，一贫如洗的多丽丝·莱辛初到伦敦，为她提供各种支持的人差不多都是为同一种热情所驱使的左翼分子：住所的提供者琼·罗德可，为她的儿子皮特安排周末去处的莫迪·乔柯，以读者身份寄来一百英镑现金帮助她渡过难关的共产小组……当然，后来，还有出于宣传需要一再为她提供出版和旅行支持的苏维埃政权。先后与她相爱的两个男人——心理医师杰克和作家克兰西，都是活跃的左翼团体中人。

1952年，在和情人杰克一同游历过德国南部之后，多丽丝·莱辛决定加入英国共产党。最直接的原因是，她在德国看到了被外界忽视的痛苦。作为第二次世界大战中曾经被纳粹主宰的战败国，那里的国民正在经历的苦难令多丽丝·莱辛感到触目惊心，也令她开始怀疑英国、法国以及所有反德声音的立场——究竟应该由谁来对罪恶深重的战争、对残酷的人类暴行、对进步与文明遭到的毁弃与羞辱负责？多丽丝·莱辛觉得，不仅仅是纳粹政权，整个资本社会乃至应当作为见证的每一个在场者，都无权推脱责任。

11

人人都能看到,利益至上、弱肉强食的资本社会准则导致了贪婪和过度攫取,也导致了侵略和屠杀。当时,作为代表人类文明进步程度的一种社会形式,资本社会的价值观和正义性遭到空前的怀疑。这种怀疑在当时激进的知识分子中尤为普遍,甚至波及基础的宗教信仰。当时,西欧一些知识分子曾经合作撰写了一本讨论社会问题的著作,名为《失败的上帝》——上帝的教诲被丛林规则击溃了。

当某种怀疑成为普遍、严重而持续的精神困扰的时候,对另一个极端的向往乃至信仰就会萌生。当时,在整个欧洲以及美洲部分地区,最关注社会问题,最敏感、最具有同情心的人,尤其是知识分子,几乎都成为了共产主义组织的成员或同情者。其中的绝大多数对共产主义抱有信徒般的虔诚,相信共产主义才是解除战争动机和人间不公的唯一出路。

20世纪50年代末期,全球地理探险抵达极限,共同开发南极大陆似乎成为一种人类大同的隐喻。这时候,西欧左翼运动正如火如荼。在英国,新左派和百人委员会组织吸引了约书亚·恩科莫、肯尼斯·泰南、约翰·奥斯伯恩、鲁本·希、伯特兰·罗素、拉尔夫·舍恩曼、坎南·柯林斯等人。这是一些在政界或知识界富有影响力的人物,他们策划的演讲、示威、游行活动十分活跃,其中最著名的是奥尔德玛斯顿大游行。前后有六年时间,每年都有大批的人群从欧洲、北美拥向英国小镇奥尔德玛斯顿,然后长途跋涉直至伦敦。由于沿途不断有人加入,游行有时会持续一年时间,到达目的地的时候游行队伍会达到五十万人。

一种信仰的形成当然不是仅靠政治热情就够的,外在的精神氛围往往只是催化,而内因,则是生存状况造成的个体经验。

多丽丝·莱辛亲身经历了普通人生活的困窘与痛苦——从幼年时期就开始了。多丽丝的父亲阿尔弗雷德·库克·泰勒原本是一家银行的职员,在第一次世界大战中成为英国军官,被战火夺去了一条腿。疗伤期间,阿尔弗雷德与照看他的护士莫德·希斯特·麦克维相爱并结婚,多丽丝就是他们的长女。多丽丝五岁时,她的父亲带着全家迁居英属殖民地——非洲南罗德西亚(现津巴布韦)定居,希望通过种植玉米发财致富。阿尔弗雷德先种植玉米,而后种烟草、淘金,但种种尝试都以失败告终。阿尔弗雷德债台高筑,变得愤世嫉俗。年幼的多丽丝梦想着优越的生活,比如窗户上挂起漂亮的丝绒窗帘,比如饭桌上摆设银器,但事实是,多丽丝十六岁就开始工作,十八岁即开始向南美的杂志出售自己的故事。

出售故事以维持生活,在资本主义社会体制下,是许多出身平民阶层的作家进入写作的初始动机。在社会公正的意义上,写作者没有任何权利不劳而获,这甚至与写作者的成就和声名没有什么关系。但是,每当我撞见那样一些写作者的生存故事,仍然会难以克制地觉得,当不得

童年的多丽丝·莱辛和母亲

13

十四岁的多丽丝·莱辛。后成为
处女作《野草在歌唱》的封面照

不用精神产出来应付生活的时候，真的是太过艰辛。多丽丝·莱辛一直在写书、出书，而且其中一些销路不错，但她像绝大多数艺术家一样，一直忍受贫穷。据她自己说，她"直到七十岁才赚了一笔钱"。

1949 年，当多丽丝·莱辛解除了第二段婚姻，带着两岁半的儿子皮特来到伦敦的时候，她全部的生存资本就是两箱书，一些衣服，少得可以忽略不计的珠宝，以及《野草在歌唱》的手稿——总计不到一百五十英镑。皮特的父亲高特弗莱德·莱辛并不负责孩子的抚养（多丽丝·莱辛说，即使他有意负责，为了尊严，她也不会同意）。何以生存，始终是一个咄咄逼人、片刻不能回避的问题。为了生活和抚养孩子，多丽丝·莱辛不得不在写作的同时阶段性地接受秘书工作，为报刊写时事短评。这样的窘况一直持续了十几年。在 1962 年贷款买下撒芒尔镇一所破旧的房子之前，多丽丝·莱辛带着皮特一直过着四处漂泊的租居生活，最窘迫的时候，她甚至买不起像样的食物。

多丽丝·莱辛并不十分在意物质生活的窘况。生存的艰辛与孤独早已在潜移默化中给了多丽丝·莱辛壁虎般的生命力,被切断之后会生长出新的骨肉,很快就复归完整。但是物质生活的煎迫还是在她的个性中培植了对底层苦痛的特殊敏感。

在 20 世纪五六十年代,当欧洲的无产者运动如火如荼的时候,多丽丝·莱辛也感同身受,处于对英国资本社会激烈批判的情绪之中。在资本的自私自利性及其造成的人际竞争和社会冷漠的对照之下,全人类互相热爱的乌托邦理想令人狂热。即使在这种道德狂热消失之后,多丽丝·莱辛依然对左翼运动带来的现实变化——比如"中国的农民不再挨饿","全世界人民都致力于为自己的同胞争取公正"——感到由衷的欣慰。直到 1997 年,她依然如此解释自己的政治取向:"资本主义死了。它已经完结了。而未来是社会主义或共产主义的。在短时间内,我们将拥有公义、平等,妇女、残疾人、黑人——一切人等的同工同酬。这种空谈为最聪慧的人所信,也让我产生兴趣。"

对左翼运动的同情并没有消弭强烈的质疑。质疑与批判的习惯似乎与生俱来,多丽丝·莱辛总是在说"不同意"。这样的表态并不局限于形而上地讨论问题。在窘迫到需要卖文为生的时候,写一些诸如支持妇女回到家庭、支持打击社会主义之类的时文就可以得到优厚的报酬,多丽丝·莱辛依然说:不,我不同意这样的观点。因为不同意,她就绝对不写有悖于信仰和良知的文章。

这么一个人,不可能在任何乌托邦热情中沉浸太久。

这个激情洋溢的时代曾把多丽丝·莱辛裹挟到左翼活动的中心,也使她感受到这场具有世界影响的运动中含有的极端与绝对。多丽丝·莱辛是其中的一员,是具有充分的道德热忱但也对任何绝对哲学抱有怀疑的一员。多丽丝·莱辛在回复"激进主义知识分子"的代表人物、历史学家爱德华·托马森的信函中,如是质疑当时弥漫欧洲知识界的那种非同寻常的热情:"你是否认为有些东西可以支撑这种观点，即除极少数人外，作为一个共产主义者从来不是从知识分子的角度而言，而是从一种共同的道德热情？"

多丽丝·莱辛善于一语中的。

1952年，多丽丝·莱辛作为西方左翼作家的成员，与瑙米·米切森等人一道应邀到苏联访问。那之后，多丽丝·莱辛先后几次受邀前往苏联。在近距离接触的过程中，她看到了种种作秀幕后的鄙陋与残酷。许多时候她被要求公开表态，当然，多丽丝·莱辛不同意。她不对任何群体存偏见，但是，她也不希望被贴上任何标签。她很讨厌人类中的"我们"——组织，族群，国家，甚至家庭。若干年前，当母亲和舅妈试图把她推进中产阶级绅士淑女圈的时候，年纪轻轻的多丽丝·莱辛就已经懂得了拒绝，懂得毫不迟疑地说:不。有如战争内阁都习惯于把最残忍的民族感情加以美化以掩饰战场上人类自相残杀的恐怖真相一样，任何试图把某种群体——"我们"——从人类中挑选出来的做法，都难免带有结党营私与倾轧他人的嫌疑。

一代人，那么多人，在经历了某种信仰建立与坍塌的过程之后，把问题归结为个人崇拜和独裁。这是一种为多数人推脱责任的暗示，一如人们把战争罪责一股脑儿地归罪于纳粹德国一样。多丽丝·莱辛毫不客气地说:"在我看来，党发生问题只是我们思想上堕落的一个标志。因为，它暗示了破坏党内民主的原因是过度的个人主义。但是，事实却恰恰相反。最坏的不是一个领导人成为了独裁者，而是数以百计千计的党员们，在苏联里或者在苏联外，丢弃了个人的良知与道德，让某个人成为了一个独裁者。"

每个人都应当对自己所处的时代负责，谁都不是旁观者。但是，人们并不愿意承认这一点。一种源自人性的灾难过后，人们总是会迅速找到某个罪魁祸首为所有罪恶负责，然后转身而去。多丽丝·莱辛说，第一次世界大战很快就成为巨大的"不提之事"，所以不久就有了更恶劣的第二次。

多丽丝·莱辛从不讳言普通人应当承担的罪与罚，因而，她的声音曾那么不讨人喜欢。

时至今日，越来越多的人已经意识到，某种对集体共鸣气氛的痴迷曾经像空气一样无孔不入，使人的道德独立性不复存在，那才是最有害的东西。

人们不得不承认多丽丝·莱辛的准确和预见性。不论是种族问题、女权问题、核武器和地球的命运，还是人类显在或潜在的精神疾患，远在人们谈论它们之前，多丽丝·莱辛就已经作出了精准的解析。

20世纪后期，当信仰的改变成为另一种潮流的时候，多丽丝·莱辛清晰地意识到某种普遍的崩溃——它最终离析了对完美与极端的热情，也在被动的意义上促成了某种自我反省。

二　性误解时代的爱情

1954年，多丽丝·莱辛从非洲南部的罗德西亚迁徙到伦敦的第五年，租下沃维克街的一套公寓之后，她总是在伦敦街头彻夜独行。为一种莫名的不安所驱使，她渴望不停地移动，以便把体能消耗得毫无剩余。

夜晚的伦敦对她而言仍是异乡。她总是走同一条街，路过同样的房子，但它们依然显得陌生，仿佛隐含敌意——深红色的邮筒，阴郁的灌木丛，森冷的伯爵宫……夜伦敦庞大得令人沮丧，高高低低的建筑恍若充满了蓄势待发的暴力。

走在这样的楼丛中，年轻女人一般会害怕遇到侵犯，但这是多丽

多丽丝·莱辛和她的第一台打字机。这张照片
后来成为她的自传《皮相之下》的封面

丝·莱辛,她不觉得有什么具体存在的威胁。"你离家很远了,是吗?"夜
巡的警察总是带有几分责难地询问。这时,她装出无辜的样子说:"我迷
路了。"偶尔会遇到伤心的暴露癖男人,或一辆突然停下来拉皮条的车,
多丽丝·莱辛只管趾高气扬地走路。她根本不觉得这些"可怜的东西"敢
于侵犯她:"我从来没觉得受到侮辱。女人变得如此谨慎,容易惊吓——
如此无力是好事吗?"逛到深夜两三点,她回到租住的公寓,常觉得这个
大房子在变小,变得太过明亮、陈腐。她坐下来开始写。初到伦敦时的忧
郁难过已经成为过去,而杰克——她与他之间,发生过她有生以来第一
段认真的爱情——的离去造成的悲伤,也不再衍变为沮丧。

沃维克街的这套公寓,是多丽丝·莱辛用刚刚获得的毛姆奖奖金租
下的。在数不清的迁徙之后,这是第一个她"可以称之为自己的房屋的
地方"。四百英镑的毛姆奖奖金本来只能用于外出旅行,这是毛姆奖设
定的规则。为了支付这套房子二百五十英镑的押金,她只得伪造一份旅
行记录。

得到获奖的消息时,她的第一个反应不是欣喜而是惊恐。但愿不要
让杰克听到这个消息,她想。但杰克还是立刻知道了。"一切都完了,真

的,"这个男人嫉妒地、毫不迟疑地说,"你不爱我,你只关心你的写作。"

也许这个身为心理医师的男人说得没错。相对于情感,多丽丝·莱辛的注意力的确更多地投向了别处,写作或政治。她对于情感的轻视与敷衍很多时候就像一个男人。不惟对男人,即使对家人,她也常常表现得不以为意。

但是,杰克似乎是个例外。"杰克"是她在回忆录里面给他的名字,他来自捷克,职业是精神病医师,政治身份是共产党员。杰克自幼经历贫穷,有十三个兄弟姐妹,他们(除了一个逃到美国的妹妹)和父母在二战期间死于纳粹的毒气室。杰克流亡到英国,成为英国军队的军医。他们是在左派活动圈子里认识的,那时候杰克刚刚从战场上回来,正在寻找他多年来杳无音信的妻子。杰克爱上了多丽丝·莱辛,饥渴、强烈,常常带着因嫉妒而滋生的愤怒。开始她是由于被爱而爱。在高特弗莱德之后,在伦敦的冷漠与幽暗中,她觉得那是一个很好的改变——她的失误已经过去,她已经为真爱做好了准备。

对于年轻时代的两次婚姻,多丽丝·莱辛有一种抹去的渴望。直到第二次婚姻结束,多丽丝·莱辛仍觉得她的生活还没有真正开始,她觉得似乎从来没有结过婚。有如《爱的习惯》里那个柔斯,尽管她与乔治有过三年的恋爱而且差一点就结了婚,但是,当她遇到吉米并爱上了他,"她对自己说吉米是她第一个恋人的时候,她说的是实话,因为她正是这么感觉的。"

与杰克的相爱是她生命中第一次认真的爱情,也是刻骨铭心的一次。

杰克并不是一个有气量的情人,甚至不算是专注的一个。同居之后,他立刻开始逼迫她寻找自己的房子,并理所当然地排挤多丽丝·莱辛生活中的其他人。他指责琼·罗德可在驱使多丽丝·莱辛,要求多丽丝搬出琼·罗德可的住所,继而要求多丽丝离开她的心理医师萨斯曼夫

19

人,坚决回绝她的母亲要搬来同住的请求;他很难和孩子相处,他认为多丽丝·莱辛对皮特的保护过度,并毫不掩饰地说,他并不想做皮特的父亲;甚至,他不能容忍她把注意力比较多地投向写作。

这大约是某一类男人的代表,那种男人自以为对相爱的女人有所有权。一个女人只要确认了与他的亲密关系,就等于确认了自我主权的让渡。于是这个女人的一切,包括过去,包括记忆和痛苦,统统成为男人有权随意翻检的物品,他全都"有权利知道"。

"蠢男人总是这样,只能把什么都毁掉。"在《爱的习惯》中,柔斯说。

爱情也会使多丽丝·莱辛犯傻。基于对战争的厌恶和恐惧,对生活残酷性的理解,他们在许多问题上有互为呼应的感觉和意见,这是多丽丝·莱辛此前的情感经历中极其少有的。但这种感觉,显然被她无数倍放大了。此前对男人漫不经心的多丽丝·莱辛,却觉得她和这个男人之间能够在非同寻常的深度上彼此辨识,能够同时获得身心与智识上的满足。

如果说她不曾有过疑虑,那大约是不可能的。只是感情本身太有力量,她根本不可能客观地思考两个人的相处。她认为他们的不协调在于处境而非本性。因而,她把孩子托付给母亲或朋友,放下写作,用很多时间和他外出旅行。他们去了两趟巴黎,去了三次德国,在西班牙旅行一个月。那应该是畅意的、狂欢式的漫游,他们常常露宿野外,在树林边,在沙滩上,听着海浪的声音或看着满天的星星入睡。

寄望于爱情太多,人就容易被某种暂时性所蒙蔽。多丽丝·莱辛似乎分外渴望在杰克身上有更多的发现。更换了现场,爱情仿佛趋向圆满。旅行中,相爱的感觉变得异常强烈。这一对爱人暂时脱离了任何可能的打扰——他的妻子和家庭,她的孩子、母亲、朋友和写作。他们常常像野兽那样毫无节制地做爱,也像野兽那样互相抵制、朝对方吼叫。风暴般的性爱会衍生风暴般的敌对——托尔斯泰和劳伦斯的情爱预言似乎在这一段出行时期的性经验中反复得到印证："我们争吵时互相仇恨，而从这恨里又引出性爱。这是狂热而猛烈的交欢，是我从未体验过的，和我心目中那位恋爱的女人完全不一样。"

旁观多丽丝·莱辛的情感经历，我常常闻得到那种特殊的宿命气息，浓烈而顽固。关于爱情，也许真的没有什么一贯的标准可以去衡量它的质地。尽管多丽丝·莱辛津津乐道于两个人的匹配度，但俗常所谓的条件与契合，都不过是一些社会化、秩序化的刻度，在那样一个坐标系里也许根本就找不到某些爱情个例的点位。

一个人对待生命的方式是整体的、连贯的，没有外力，不大可能独独在一件事情上突然改变立场。这差不多是个旁逸斜出的女人，她枝丫伸展的方向和物质生存的整体方向总是不一致，但是，她却长得那么旺盛、繁茂，枝叶葳蕤，仪态婆娑。这个习惯于主动的女人，不可能在情感生活里甘愿被选择。她会一意孤行。她对很多被公认为重要的东西不屑一顾，但为了她认为值得珍惜的东西，赴汤蹈火也在所不惜。但是，爱情毕竟不是个人的理想，而是一种人际关系，爱情需要的不是绝对速度，而是两个人的同步。如果其中的一个原地不动，另一个走得越快，两个人的距离也就越大。

杰克早年所经历的惨无人道的骨肉离丧，似乎已在精神上困禁了他，把他的心理温度降到了零点。他的暗伤在溃烂，但他没有勇气内视，只是格外热心别人的过去、别人的暗伤——那种替代性的揭穿，那种冷酷的移情，或许竟是快意的。

这一点，多丽丝·莱辛显然忽略了。

多丽丝·莱辛诸多作品中有价值而没有完成的一部——《向无知撤退》，关于人类心理，即怎样不断地尝试通过有意的遗忘或扭曲以美化、隐藏糟糕的过去——创作于和杰克相处期间。在谈起这个被"浪费"的题材的时候，多丽丝·莱辛再次说到和主题有关的杰克："他让我感觉

21

到——虽然很不情愿——他是多么的单纯和无辜。他并不想让我有这样的想法。如果你拥有他拥有的那些对于人类行为的了解，那么对于大多数人所描述的事实上并非来自于那个地方(捷克)的经历，你就会觉得听起来像是孩子们的天真乱语。"杰克的刻薄，在多丽丝·莱辛这里变得完全可以理解，变得不得不如此，甚至成为一种个性的真实与可贵。她一意孤行，认为"如果我们在任何可能的情况下都相处得很好，他没有理由会离我而去"。

在两性关系中，难得有普遍的经验可以借鉴。爱得好与坏、快与痛，值得还是不值得，唯有个中人才可能了解。

在世故日深、率真渐逝的年纪，在他们都已经被锻造得精于挑剔的时候，这样一次远非完美却肝胆相照的遇见，也许算得上是命运的刻意眷顾。只是，这相遇还是被挥霍了，虽然这是她"生命中最认真的爱情"，虽然她不恰当地把这个男人摆到了写作之上，摆到了自己的生活之上。

一如柔斯对情人胃病的刻意照顾令他感到心烦意乱一样，多丽丝·莱辛对杰克的忍让与体恤，也惨遭猜忌。

杰克有妻子，但这不是原因。多丽丝·莱辛从来不把一个女人视为另一个女人的敌人。在男人面前她们往往成为合作者。在《一个男人和两个女人》里，多萝西鼓励自己的丈夫"杰克"(是巧合吗？)和女友斯特拉过夜，因为，她不觉得像她和丈夫这样——两个成年人成天黏在一起形影不离——是什么好事。而在《爱的习惯》里，男人的前妻和现在的情人干脆住到了一起，因为比起夹在中间的那个男人，她们彼此更需要对方(不是同性恋，与性无关)。

在许多故事里多丽丝·莱辛试图表明，女人的问题不是因为另一个女人，而是爱情太无力。犹如《金色笔记》里的安娜，她渴望爱情使自己完整，但是男人却令她堕入更触目的缺陷。从无感的婚姻走向颠簸的爱情，究竟是更有意义还是更无意义，实在是有些无从断定。

最后的告别在巴黎。杰克没有直接说分手,而是说,他要到海外某个地方的某个医院工作一段时间。这样一个含混的时间与空间,足以用来分隔彼此,不失礼节也无可挑剔。他去机场之前先陪她去了车站,她要在那里买票返回伦敦。他们拥抱,他转身离开。

结束了,她当然知道。这样的诀别今后还会出现许多次,她看着一个人转身,或者她被一个人看着转身。每一次诀别都有着一言难尽的缘由,只是,那缘由竟总是不可预见。于是,每一次都是突如其来,每一次都是瞬间崩塌。爱情很美很巨大,但它的质地,就是如此生脆。杰克走了,再也不会回来了。她也不会回过头去,一次都不会。她站在那里无法动弹,眼泪如决堤的洪水般冲了出来。

铭心刻骨的情感容易留下致命伤,但也总是留下意外的馈赠。那场爱情使多丽丝·莱辛一直都无法再投入地去爱什么人,她的情感经历中充满了被动和放弃;也使她清晰地认识到两性关系中无可避免的残酷性——男性与女性在天赋气质上存在的差异与错位,以及当时的时代氛围在两性之间造成的误解。

20世纪五六十年代的性解放潮流曾经席卷了整个西方世界,数千年来建立起来的性道德迅速瓦解,直到艾滋病的发现为人们敲响警钟。当时,典型的性爱观念之一是,人们因为被期待而上床。两性的身体交合成为礼仪化的东西,就像打个招呼,你好吗?或者一句恭维,你真漂亮。两个人上床是无须原因之事,与爱无关,与真正的性吸引无关。两个人"适当"而不上床,才会引起疑惑:Why not?(为什么不?)

这种类社会化的、带有明显应酬意味的性关系,使两性之间的友谊完全被曲解,同时也使真正的爱情被贬低、被浪费:"那种同志般的、有帮助的平等意味着一个男人可能认为一个女人爱上了他——仅仅因为他被允许进入一种轻微的亲密关系之中——并且可能欣喜若狂。但是同样地……她可能怀有真正的爱情,而他却丝毫没有察觉。"(多丽丝·

23

莱辛《行于幽暗》)

一点不错，真正的做爱往往在那种难以抵御的怀疑中变成了放荡，比如《金色笔记》中的安娜，她和情人一边做爱一边破坏其中的爱意："今天同床时他批评我的几个动作，我意识到他是在拿我和某人作比较。我说做爱也有好几种不同的流派，而我们分属两种不同的流派。"她正在做爱，但她知道"那不是真正的做爱"，因而，"我心中的小生命，那个恋爱的女人，并没有受到感化，它拒绝虚情假意的敷衍"。她悲哀地感到："我已忘了躺在自己所爱的男人怀里是怎样的感觉。我已忘了两情相悦的滋味。"

这实在是一种极不人道的氛围，它不仅对女人，也是对男人性判断与性行为的潜在强制。正如在性禁锢时代非婚男女的身体接触会被视为罪恶一样，性解放从另一个极端造成了两性之间的隔膜与悲剧。

由此，多丽丝·莱辛对女权主义运动高涨时期备受关注的女性问题，一直保持着客观、中立的观察者立场："几个世纪以来，女性都在抱怨男性的迟钝和不体谅。但是一旦女人获得了她们所追求的权力和尊崇时，一些人性上的不洁也会显现无遗。"因此，女权主义者的许多说法"隐藏了问题的本源"。

多丽丝·莱辛从不讳言两性之间在天赋上的差异，她认为"男人和女人从生理上就被设计成有着不同需求的人，这是与文明、文化和当下的道德驯化无关的天性"，比如男人常常会期待短暂而不必负责的性爱，而女人不会，没有多少女人会在与男人肌肤相亲时不怀着真爱的想往。因而，"真正缺乏的不是性爱中身体的冲撞，而是达至性爱的途径"。在被认为是"女性主义宣言"的许多作品中，多丽丝·莱辛表达的恰恰是相反的主题。女权或者男权，绝不是以"一妻多夫"或"一夫多妻"的男女关系为标志的。病态的男女关系不体现任何权利，而只体现人性的倒退。

当个人际遇被置放在大背景之中被反观的时候,多丽丝·莱辛从正在经受的伤痛中看到了属于这个时代的缺憾:"任何一种全民政治运动都会释放人类行为中最恶劣的一面",由于"那随便的、怎样都行的 50年代,以及后来的 60 年代,蒙蔽了真正的情感,吸引力,以及厌恶",所以,那个时期才会"有如此多的不愉快,有如此多的不理解"。

这渐渐成为一个引人注目的问题, 进而成为被许多人一再涉及的重要母题之一:在性道德被彻底瓦解的时代,谁又能指望自己在情感关系中获得欣悦呢?

三 浪漫爱情的核心在于,你永远无法获得

杰克离开后,多丽丝·莱辛遇到了美国作家克兰西·西加尔。

那时候, 多丽丝·莱辛已经开始对左翼的狂热与浪漫感到不安,她正在琢磨着如何不引人注目地脱党。而克兰西则是一位极端的左翼分子。英勇抗争、流血冲突、英雄人物和盛大事件是他注意的焦点。对他来说,最重要的是要有戏剧性,即使面对他所关心、同情的底层群体的时候,最能够引起他注意的也并非生活本身的艰辛,而是这种艰辛所呈现的戏剧性。

克兰西比多丽丝·莱辛年轻十几岁, 一身典型的美国叛逆青年打扮,风格酷烈,仿佛是从美国西部电影里走出来的牛仔。作为左派团体的活跃分子,克兰西客居伦敦期间,被左派同志介绍到多丽丝·莱辛家里成为房客。从此,克兰西的打字机就没日没夜地在多丽丝·莱辛家楼上的某个房间嗒嗒作响,有如一挺机枪在愤怒地扫射,一个小时又一个小时,几乎一刻也不停顿。

在激进的美国共产主义者中, 由于和一些左翼英雄主义影片和美

25

国历史上许多大人物有关，克兰西被认为是一位具有传奇色彩的人。他刚刚独自驾车横穿美国，像个疯子一样，和亚伯拉罕·林肯、克拉伦斯·达罗、杰斐逊、约翰·布朗、罗莎·卢森堡、布哈林、托洛茨基……以及遇到的每个人交谈。这使多丽丝·莱辛觉得，克兰西和她的情感趋向并不十分合拍。她觉得在性爱方面也大体如是，他们唯有在知性上是相称的。

这是一种什么样的"相称"呢？克兰西喜欢对她说心里话，毫不隐瞒，几乎把她当成了心理治疗师，而他也十分理解她。多年以后，多丽丝·莱辛回忆起她对克兰西的感情的时候，觉得有些羞愧，因为她的感情里似乎没有多么深刻的爱，只是需要。面对克兰西的帅气、体贴和不认真，她不禁有了轻蔑的念头："男人，就是用来占有和拥抱的。"

难以想象一个男人如果完全懂得多丽丝·莱辛，他会否感到在精神上被拒斥。多丽丝·莱辛一点也不含糊，她看得很清楚，他爱她，但并不对她的个性格外了解、格外欣赏，他几乎对遇到的每个女人都感兴趣，也"能够迅速而到位地理解女人的心思，不仅仅是女性本身，还有女性的处境和难题"。克兰西对她的理解与爱意，并非把她作为多丽丝·莱辛，而是把她作为众多女人中的一个。

在那样一个"所有事情"都在土崩瓦解的年代，克兰西像一个朋友一样坐在多丽丝·莱辛的厨房里，用餐、喝茶，或者什么也不干，只跟她长篇大论地聊天，从文学到政治。这个始终把眼光投向远处的写作的女人，生活里也常常需要面对琐琐屑屑的东西，琐琐屑屑的人，因而常常必须忍受"有些人从不谈论除逛街和流言以外的话题"，那时候她总是感到讶异："他们怎么能忍受住在这样一个狭小而封闭的世界里呢？"有了克兰西这样一些朋友，交流就完全不一样了。无疑她是热爱那些聊天的，那种视野开阔而维度相接的交流令她感到一种智识对等的畅意。

她也从中体察到他的赤诚。多丽丝·莱辛喜爱这种个性里的肃穆和持久不竭的热情，虽然克兰西的赤诚更多地来自一种政治热情，而且与她五年前有过的相似。与许多热衷于夸夸其谈、交流见闻、制造妙语的阿尔冈琴圆桌式人物不同，克兰西不止于谈论，他对底层无产者的生活抱有热切的关注。他曾在一个采矿村住下来，和矿工一同生活并和其中一个生活艰难、身患重病的矿工成为朋友。几周之后他回来了，多丽丝·莱辛听到楼上传出熟悉的愤怒的"嗒嗒"声——克兰西正在疯狂地敲击键盘。三天以后，《汀洛克的周末》完成了，这是一部关于矿工生活的长篇。《汀洛克的周末》出版后立刻引发了暴风雨般的谴责，那些本该欣赏它的左派评论者指责说，这本小说利用了矿工们淳朴的本性，克兰西作为一个美国人，根本不了解英国的工人阶级。

多丽丝·莱辛则对这本书和它的作者抱有知己般的立场。她的辩护言辞激烈。她认为这些来自左派同盟内部的敌意并非出于对小说主题的了解，而是出于嫉妒："那些善于打击新作的人自己都不清楚自己的真正动机是什么。嫉妒往往深藏于道德愤慨之后。"她甚至准备列举一个遭遇相似的作家名单。她说，至少有这么三位作家，乔治·奥威尔、索尔仁尼琴、普鲁斯特，应该为他们从"同志"那里得到的恶劣待遇而被记起——乔治·奥威尔的《动物农庄》出版后，激烈的指责带有了威胁意味，以至于出版人维克特·格兰西斯不得不为它的出版公开道歉；作者的名誉遭受了来自"同志"的系统性毁损，直至作者去世。《古拉格群岛》出版以后，索尔仁尼琴被开除出作家团体，因为政治高压，"同志们"认为他"没有天分"，"不适合从事写作"。普鲁斯特则因为题材涉及贵族及其逢迎者，被指为"趋炎附势的人"而饱受冷嘲热讽。这真是辛辣而准确的辩护，它足以令所有针对克兰西的指责显得苍白无力。多丽丝·莱辛继而讽刺说，《汀洛克的周末》"的确解释了报业和媒体面临的困境——当一个群体被灌输了自我意识，当他们不得不从别人的角度来审视自己时，会发生什么呢？"

极端的热情是有毒的,克兰西的身体和精神同时陷入了失调状态。多丽丝·莱辛带他去苏格兰海滩旅行,而克兰西常常面色发白地坐在那里,双目无神,牙关紧闭,不停地冒汗。克兰西安静地看着那些陌生旅人,他们则以粗鲁的态度对待他,因为他们不能忍受这个不合群的观察者。每一次从海滩回到伦敦,克兰西都会径直奔向打字机,一整天的疯狂敲打之后,他拿着一大摞字纸交给多丽丝·莱辛。她坐在厨房阅读他刚刚完成的作品,他就在旁边看着她的脸。

那些日子,多丽丝·莱辛的内心一定倍感煎熬。克兰西令她感到可悯。她从未阅读过这么可怕的文章,这么机灵、敏锐,这么深刻的洞察力,这么强烈的憎恨。她清楚地看到,来自中产阶级与左派(或者说来自某个群体,任何群体)的敌意和诋毁已经毁坏了他的情感,这些被迅速写下的文字里已经没有了《汀洛克的周末》里的爱和尊重,只剩下毒药般的怨恨。而这个,是她最不愿意看到的。

身旁坐着一个濒于疯狂的赤子般的男人,他写作,他向她诉说一切,他鄙视婚姻也鄙视任何可能束缚个人自由的两性关系,他从不掩饰自己想要独立生活的想法,他并不是在身心的意义上渴望她,他使用迷幻药,他盯着一盆风信子都会莫名地惊慌,他永远无法摆脱被威胁的感觉以及深藏在内心的敌人,而此刻,他正在孜孜不倦地看着她的脸,希望获得了解和认同。他的表情像极了他的爱,赤诚的,单向的,从不顾虑对方的感受,从不懂得检讨自己的坚持与过度,但他的确也是在爱,这命悬一线、如在梦中的爱,有如流水一样时刻都有旁逸斜出的可能,不踏实,脆弱到不堪一击,但是发自肺腑。这些微渺的细节,微渺的发生与消逝,可能正在暗示她一些生命的奥秘,使她在不相关的时刻对整个过去产生质疑,使她改变看待情感和看待生活的方式。

年轻的克兰西造成了她自我认知的混乱。相遇的时候,正值左翼团体的浪漫主义和装腔作势刚刚开始。那种东西曾经哺育了她好多年,一直以来她都被视为倔犟,不顺服,不妥协,难以相处。这时候,遮蔽突然掉落,她正在厌恶自己的过去。也许她有些矫枉过正,于是克兰西讥讽地叫她"英国小姐",这称号意味着审慎、拘谨、养尊处优。为了打破这种保守, 克兰西试图用爵士乐来开始对她的改造。音乐意味着激情与浪漫。但是,爵士乐尤其是布鲁斯,那种对于离丧之苦的浪漫享受,却成为这场爱情的隐喻。犹如构成音乐的激情恰恰源自人们内心的巨大压力,浪漫气质其实也不过是遭受压制的表征。得以充分实现的爱情是不紧张的,往往会滑向无趣、浪漫爱情的核心在于,你永远无法获得。

还是有爱的啊,有的。初见不久,在那些交谈到很晚的深夜,他们的内心都在紧张,但他们都在装模作样,谁也不先说那声爱,也都不愿意道出那声晚安。直到他走近,拥着她说:"我们都很孤独,让我们对彼此好一点吧。"可是那样的好,是多么令人不安。有很多无端的猜忌,突然就会冒出来。他会毫无征兆地带着恶意质问:"你对于性很宽容放任,是不是?"她大声回答:"不。"她也会突然带着恶意质问:"你刚和别的什么人睡过觉,是不是?"他愤怒地回答:"不。"这样怕孤独的两个人,他们同样在担惊受怕,他们在恐惧中相爱,而相爱越深,恐惧与怀疑越严重。

再坚固的爱情也经不起这样的折磨,他们的关系渐渐趋于破裂。裂隙并不是后来才出现的,而是从一开始,从他们走近那一刻起,就开始了。有那么几个月时间,多丽丝·莱辛在绝望中酗酒,她常常走进一家没有许可证的酒馆,买上半瓶威士忌,在睡前将它一饮而尽。这并非对情感的绝望,而是对自我贪欲与克制力的绝望。她根本不认为这样的情感值得继续。她的智力审视着她的情感——讥讽地、反对地、焦虑不安地——她感到被背叛了, 被克兰西的心猿意马,更被自己的沉溺和懈怠。

情感不堪推理。这个正在阅读情人的文章的女人,她感到了自我的无力和男人的黑暗——他在发烧,他的温度是病态的,他正在无可遏制地滑向崩溃,如果她觉得屈辱却听任这一切继续,那么,怎能指望他醒悟呢?又怎能不被裹挟进这种崩溃呢?一种混沌的悲戚在内心迸发。她终于确定,或者她必须承认,是时候了,该结束了。

四 眷念,还是丧失

在多丽丝·莱辛的作品里,有一个颇具隐喻性的短篇,原名为《How I Finally Lost My Heart》。丢心,意为拒绝爱。但是在英语中,"某个人丢了心"还有一层喻义,即爱上了什么人。在翻译中,这种双重意义则难以兼顾,两种译法《我如何最终丢了我的心》,以及《我如何最终丧失了勇气》,都没有体现一语双关的玄妙。那女人经过了两次失败的婚姻和许多次无聊的"爱情"之后——这不正是中年的多丽丝·莱辛吗——把心交给了一个疯女人。没有了心的女人感到了轻松和舒适。但真的是这样吗?多丽丝·莱辛是反讽的,她当然也不这么想。是爱着还是把这承载爱情的心放下,多丽丝·莱辛使用了双关语。

在收拾情感现场的时候,多丽丝·莱辛的建设性一贯表现得简明扼要。悲伤总是难免的,但是因为了解,她极少怨怼。她的反应是迅速转移注意力——看似"丢下"了,却开始了下一个轮回的"爱上"——开始新的爱,覆盖过去的不快。

早在认识克兰西之前,与杰克分手之后,多丽丝·莱辛就曾经试过"覆盖"。执著的追求者中不乏"合适"的人,其中一个令人愉快的追求者很认真地在爱她。那个男人有智识,颇厚道,也喜欢她年幼的儿子皮特,懂得爱护他。她几乎是努力地想要爱上他,他们开心地见面、散步、聊天、进餐、上床,但不可思议的是,亲密相处之后,她随即就会有想要逃脱的念头。她竭力想要接受,但始终无法从和善的相处中获得继续下去的欲望。一种古怪的无法分析的窒息感挥之不去。尽管那个男人伤心欲绝，她还是逃了。

类似的情形又有过几次。不要说接受什么男人，就连多年之后提及，她言语中的敷衍也仍然显而易见。一个美国男人。另一个男人。一个黑色男人……她是这么称呼他们的，他们在她的回忆里是匿名者。真爱留下的刻痕太深，令许多浮情难以跨越。

这一次似乎不同——与克兰西分手带来的伤感并不沉重，她开始接受其他男人的约会。其他男人，彼此喜欢、可以交流、不必辛苦相爱的男人。在这些蜻蜓点水的遇合中，有一位"年轻的鳏夫"，多丽丝·莱辛和他在剧作家鲁本夫妇的特意安排中相识，但竟然意外地有了爱意。年轻男人在一家左翼报社供职，还处于满腔热忱的年纪，对许多来自组织的授意态度恭敬。

多丽丝·莱辛觉察到自己爱上了这个年轻人的时候深感惊讶。虽然这爱意很轻浅，但是在经过严重的情感颠簸之后还能够爱上什么人，这令她感到喜悦。这时候，多丽丝·莱辛四十多岁。过往时日里的怀疑与嚣张差不多已经偃旗息鼓，那么这一次相爱，似乎是可以维持下去的了。她面对这个性格灿烂的年轻情人常常有些恍惚，有些异样的感觉，似乎突然掉进了另外一个世界，离过去的生活那么遥远，离她本人，也那么遥远。

只是，开始的爱意并没有随着相处变得深切，她一直漂浮在情感的表层，无法沉浸。

爱情并不是一件可以勉力而为的事。多年前，在她年纪轻轻就进入的第一次婚姻里，她就已经很清楚这一点了。

嫁给弗兰克·韦斯顿的时候她十九岁。弗兰克·韦斯顿是殖民政府的公务员，不很有趣，但是冷静、可靠，一心一意地爱她，属于上乘的丈夫人选。

在被公认为属于自传式作品的《玛莎·奎斯特》中，多丽丝写到了玛莎的第一次婚姻。对方是政府机关公务员道格拉斯·诺维尔，"他是个快乐、满脸带笑的年轻人，中等个头，有些偏胖，一张肉嘟嘟的圆脸，浅蓝色的眼睛，鼻子本来长得挺好，却在一次运动事故中压扁了，他的头发用水梳过，形成暗淡、潮湿的一块垫子"——这实在不算是动情的印象。玛莎并不喜欢他的追求和他的亲昵，他的无趣让她感到自己在强烈地抵制。但是，他办公桌上的《新政治家》（那是一份她喜欢的左派杂志），他对于政府殖民政策的不苟同，还是让她觉得找到了一个知己。道格拉斯在政府机构里的职位挺高，并不贪婪，因而手头总是有点紧，但是，他却会无所顾忌地买下玛莎中意的任何物品；他以和蔼而得体的态度巧妙敷衍玛莎父母的挑剔，征得了他们对这桩婚姻的同意；他对玛莎的评价永远是，"你真是好"，"相当好"。由此，玛莎"陷入了对道格拉斯的舒适依赖"，她终于找到了在父母那里缺乏的"回到家里"的感觉。

这几乎就是多丽丝第一次婚姻的真实写照。婚后，他们生了儿子约翰和女儿珍。日常生活应该还是比较舒适的，他们家里雇着三个仆人——厨子，清洁工，和一个十来岁的小杂役。多丽丝对待黑仆态度友善，付给他们的工资也高于当地人所习惯的数字。她自己承担许多家务，照看花园，缝制衣服，包括她自己、丈夫、儿女的衣服，还有仆人们的围裙和衬衫。因而，多丽丝被"那些白人家庭主妇义正词严地提醒"，她"把当地黑人给宠坏了"。家务的冗杂无趣和四周人们的庸谈让她觉得窒息，她感觉渐渐陷入了一种会毁掉自己的伪装，她变得忧郁，开始酗酒、与自我为敌："事实是，我无法生存下来。精神分裂是最起码的。在我和弗兰克的四年婚姻期间，我喝酒非常厉害，赛过那之前和那之后。我肯定会变成一个酒鬼，永远和自己过不去，忧郁，仇恨我自己。"四年之后她离开了他，当然也同时离开了孩子。

对于抛夫弃子，她一直饱受批评。尽管她说"至少知道自己的孩子能在外公外婆和父亲那里得到足够的爱"，"如果我没有离开那种殖民者圈子里厌倦无比的生活，我会崩溃，会变成一个酒鬼，会精神分裂"，但是，看看多丽丝·莱辛后来的私人生活，很难说她究竟有没有后悔过。据说，她的女儿珍一直居住在开普敦，但是至今仍拒绝和母亲说话。这是多丽丝·莱辛成为多丽丝·莱辛的代价之一吗？如果是，这的确是一种遗憾的代价。

我承认，并不是每个女人都有充分的母性，也不是所有的母性都会表现为顾惜。当第二次婚姻解体，多丽丝·莱辛带着年幼的皮特远赴伦敦的时候，这个心怀梦想的女人是否也有着身为母亲的歉疚，我不知道。她在宣告里是否认的。但是，她还是花了许多精力和心思在小儿子身上，比年轻的时候给予约翰和珍的要多得多。

第二次婚姻持续的时间更短。她的第二任丈夫，高特弗莱德·莱辛，是从德国流亡到南非的犹太裔共产者。在索尔兹伯里一个左派读书俱乐部，她和他相识，两个人都发现了对方身上那种和自己一样的热情。相对于爱情，一种激进的社会理想有如强光，可以成功地令个性中的瑕疵隐形，令彼此目眩神迷。他们很快结了婚。这也是那个特殊年代许多人都在干的事，因为结婚意味着名字、护照，意味着获得安全。然而，所谓志同道合，似乎从来就不具有黏合一对男女的凝聚力。她不久就发现，这一桩婚姻与个人趣味有着多么不可思议的距离。高特弗莱德与出现在《红色笔记》中的维利相像，他有着高高的前额和高高隆起的鼻子、冷峻的蓝色眼睛，严厉而傲慢，看上去是一个职业革命家，骨子里却信奉教条，赞成既有的秩序、规范和传统，蔑视那些生活中受个人情感困扰的人，对个性脆弱、命运不济或不适应环境的人毫无同情心。两年后这桩政治婚姻破裂，高特弗莱德去了东德，然后成为驻乌干达大使，多丽丝·莱辛则带着他们所生的孩子皮特到了伦敦。这一次的分离充满敌意，可谓不欢而散。直到多丽丝和高特弗雷德先后来到伦敦定居，这敌意还没有彻底消除。多丽丝·莱辛每个周末把皮特送到高特弗莱德住所的时候，都要忍受他冰冷的谴责。

毕竟，爱或不爱，难以欺人，更难以自欺。她从不为了舒适就瞒哄自己，这一点并没有随着时光的流逝而改变。这一点，直到失去了杰克，又失去克兰西之后，直到遇见这个在报社供职的年轻情人并和他同居之后，依然没有改变。

一天上午，他去了报社，多丽丝·莱辛牵着狗在大街上溜达。走着走着，她突然感到了荒诞。那一刻，在阳光和煦的大街上，多丽丝·莱辛如梦初醒，她听见了内心的叫嚣与否认。不，这不对，这不是爱情，这只是一种陷入爱情的错觉。她立刻转身回家，再也没有回去面对他。又一次落荒而逃——这成为对年轻情人的伤害，也成为一次断念，对自己的决绝，最后的，最狠的。她知道，在可以预见的时间内，她已经丧失了勇气。

就是那一瞬间的觉悟。有些事情，比如认真的爱情，因为曾经扎根太深，因为曾经被连根拔起，后来就彻底丧失了活力，即使偶有萌芽，也会很快枯死，并不能正常地生长。

随后是长久的闭门写作，有若修行。

在毫无新意的爱情复习中，多丽丝·莱辛发现了深埋在两性关系中的另一重悲剧性———一旦丧失了唯一性，爱情便从本质上显得可疑，它不再是无可替代的身心吸引，而成为对过往情感经验的复习。此生你可能遇到很多人，可是越向后，新意越寥落，直到有一天，你变得心情冰凉，再也不能从爱情里获得热与力，所获得的只是印证与回忆。那个时候，人生已经无可转圜地逼近了终点。

《爱的习惯》中出现了一个老男人乔治·塔波尔。

乔治·塔波尔是伦敦戏剧界的名流，前不久他又给米拉写了一封信，催她回伦敦跟他结婚。收信人米拉是他曾经同居五年的爱人，在她之前，他和摩莉有过短暂的婚姻。米拉在几十年前就离开伦敦到澳洲投

多丽丝·莱辛最喜欢的宠物是猫

亲去了,当时欧洲正陷入战争。米拉回信说,她已经不习惯和他一起生活了,她习惯了澳洲。然后,乔治去看望了霜居的前妻摩莉,希望她能和他返回最初的共同生活,但摩莉正准备嫁给一位年轻英俊的医生。

这时候,一个年轻女人波比·蒂贝特出现在他身边。她是摩莉推荐给他的护理者,因为乔治·塔波尔害了严重的流感。波比·蒂贝特是一个寂寂无名的舞蹈演员,只能出演一些跑龙套的角色。虽然她已经年届不惑,但是在乔治·塔波尔眼里,她就是个"女孩子"。当她告诉他愿意和他相伴的时候,乔治·塔波尔的寂寞感一下子就消失了。但她总是躲避他的亲热。因此乔治·塔波尔认定,"这个女孩子还没有觉醒",就像他认识的许多女人,虽然结婚多年也还"没有觉醒"。他喜欢和她做爱的感觉,因为他在她身上感觉到的不仅是她自己,还是他"曾经经验了五十年的情爱"。爱抚她的时候,他一生记忆中的全部情感都被激活了,在他的全身流淌。那几十年的爱情,与不同女人的爱情的复合物,令他心脏膨胀,被从未有过的欢乐填满。

"往昔"多么好啊。"往昔"在她身上复活,使他在一瞬间变成了一个青涩而炽热的少年。可是，"往昔"给他狂欢，也会给他折磨。那似乎可以被驱使的"往昔"，在做爱之后立刻僵死，变成了横亘在他们之间的壑谷。他希望抱着她入睡，因为他已经习惯了抱着一样东西入睡，女人或者枕头。但是她总是躲开他的触碰，蜷缩到大床的另一边。她说，她从来就不喜欢挨着一个人睡觉。于是，乔治·塔波尔开始失眠。在每一个漫漫长夜，他只好看着年轻情人的后背，一个人守着被禁锢的柔情发呆。那个复活的少年消失了，他眼里的女孩子也消失了，他剩下的只有不断涨满胸腔的孤寂。

后来，乔治·塔波尔借助自己的威望，让波比·蒂贝特作为女主角出现在舞台上。她很快就和年轻的舞伴雅基好上了。乔治一点也不感到妒忌，因为波比·蒂贝特变得活泼而愉快，她对年轻舞伴的热情也流淌到乔治身上。这热情使乔治深爱的摩莉和米拉回来了，仿佛触手可及。雅基是个还不到二十二岁的年轻男孩，在他那里，波比·蒂贝特感到了乔治在她这儿感到的痛苦：那个年轻的情人，他并不爱她。

现在，两个被折磨的人变得惺惺相惜。波比·蒂贝特依偎在乔治·塔波尔怀里伤心地哭泣，乔治摩挲着她的头发，相信现在他们的关系获得了新生——从此，两个人就会逐渐适应，开始真正的共同生活了。他感到体内正有一股力量在为她滋生。

波比·蒂贝特的四十岁生日这一天到了。早上，乔治一睁开眼睛，就被她的装束惊呆了：波比身上穿着严峻的男式海军蓝衣服，脚上是系着黑鞋带的沉重的皮鞋，头上则绾起呆笨的发髻。他的小女孩已经不在了，一夜之间，她变成了一个中年女人。乔治浑身悸痛地闭上了眼睛，他感到心口那一块又软又痛的肉块正在膨胀。

不是没有人相伴，而是，相伴中再也没有真正的、有暖意的爱情——这样的无奈与绝望，在《又来了，爱情》中，在萨拉·德拉姆这里变得更加彻骨。就像乔治闭上了他的双眼，萨拉也关闭了她的情感通道，面对男人的示爱——无论来自年轻的比尔，已婚的亨利，还是不断更换女孩的安德鲁——她的选择是：不开始。

这作为避险的"不开始"，在《另外一个女人》中，竟也成为生命中的伏雷。

本来，柔斯·约翰逊的生活堪称完美。她和父母住在一起，在面包店有一份工作，生活不算富裕却也足以维持，并且，她和一个很不错的小伙子乔治相爱三年，下个礼拜就要结婚了。她习惯于这生活的角角落落，一切都是好好的，今天和明天，今年和明年，会一直这样。可是，有一天突然飞来横祸，她的母亲在横穿马路时被一辆卡车撞死了。一个人，天天经过一条马路，可是，在某一天，毫无理由、毫无征兆，一辆莽撞的卡车也经过这里，她就这么死了——这不请自来的危险，令柔斯安稳的世界瞬间倾塌。她没有力量分析这一切，只是很清楚，她不愿意和乔治结婚了。婚约解除不久乔治就娶了另一个女人，生了一个女儿，然后，战争开始了，乔治入伍，被派到了北非。一天早晨，柔斯像往常一样出去采购，回来的时候，她的家已经被空中落下的炸弹击中，父亲被炸得血肉模糊。柔斯进入被炸得面目全非的家，觉得这一切太不合情理，仿佛在生活的底层暗藏着一个黑色深渊，深渊里充满了不可理喻的恐怖。

一个男人跟着她进了这个随时有可能倒塌的房子。他叫吉米，他告诉她这里很危险，劝她离开。柔斯没有离开。就这么几次三番地劝着，吉米爱上了这个身材瘦小、神情迷离的女孩。他找了一处房子，柔斯从变成废墟的家里搬了过去。房子在顶楼，住惯了地下室的柔斯觉得很危险，但好在有吉米，他们住在一起，相爱，一切就算还好。相处渐深，柔斯希望和吉米结婚。但吉米总是闪烁其词。原来他有妻子，还有两个孩子。

故事到这个环节，和所有的俗套一样——吉米说，他和妻子早就分居了，但是妻子不愿意离婚。于是，柔斯给他的妻子皮尔逊太太写了一封坦诚的短信，请她到自己和吉米的住所来商谈，以便使事情"走入正轨"。三个人见面了，皮尔逊太太告诉柔斯，其实他们三年前就离婚了，但是吉米还像过去一样，在没有地方可去的时候就回到她那里去，吃顿饭，在沙发上睡一夜。其实，在她们之外，吉米还不断有别的女人。他的前妻一直希望他和其中的一个结婚，吉米却无动于衷。

皮尔逊太太说的都是真话。柔斯不理解，为什么吉米这么爱她，却不愿意跟她结婚呢？吉米的回答是："我每星期得给她两镑钱。我没有办法又给她钱又跟你安家落户。"但是皮尔逊太太却说，如果吉米愿意跟一个女人结婚，她就不会再接受他的钱了。那么，究竟是为什么呢？因为这个男人"从来不能够下决心"。爱也是真爱的，但是，他只愿意享受爱情带来的惬意和安慰，却不能为爱情埋单——比如买下一个住处，或者付房租，或者结婚……这些令他感到心烦。

最后，柔斯决定接受皮尔逊太太的邀请，搬过去跟她一起住，因为皮尔逊太太要开面包店，需要一个面包师。皮尔逊太太的住所里，有一间舒服的地下室——那才是柔斯意念里的家，安全，即使落下炸弹也不会立刻倒塌。而且，如果和她住到一起，柔斯就有资格领养乔治的女儿了，那时候乔治已经战死，他的妻子也在轰炸中身亡。

这一点柔斯自己也没有意识到——她一直要竭力取回的，正是她在最初丢弃的东西。那发生在一次车祸之后的拒绝，也像生命里所有潜伏的危险一样，在冥冥中指挥着她，使一切的发生与停止，有如鬼使神差。

柔斯·约翰逊，乔治·塔波尔，萨拉·德拉姆或者朱丽·维龙，这些出于对某种危险的恐惧而选择舍弃的人，其实都处在无力舍弃的尴尬中，就像在一种痛苦爱情里的多丽丝·莱辛。归根结底，无论是谁先放了手，在深渊般幽暗的爱情世界里，他们都暗伤累累、一无所获。

在丧失或放弃之后，多丽丝·莱辛盘点过往，愈加痛切地意识到"不期待"的必要与必然。施予伤害的时候她忆及曾经受过的伤害，这些伤

38

害的指向不同,但都不是通常理解中的爱与辜负、主动与被动。毕竟,所谓美德,无论在政治领域还是在情感关系中,都会自觉或不自觉地以自益为界域。不同个体的需要在发生交接的时候,有太多的不对位,要求任何人在情感上顺服对方的意愿都未免有失人道。

不期待,在选择与付出中不事先假想收获,不单是对世事和人性的谅解,在很多时候,更是一个人给予自己的释放:我做了我想做的事,我做了我该做、能做的事,获得怎样的回应都无所谓。

不期待,当然包括不在失守之地滞留。

五 我只是想要逃走,一直如此

在多丽丝·莱辛的中年,命运植种了这么多的困厄、丧失与挣扎,这么多的尝试、怀疑与失望,现在,收获的时刻已经在苦痛中莅临。

若干年后接受英国《卫报》采访时,多丽丝·莱辛如此解释她的写作动机:"对我来说,写作是我非做不可的事。如果不写作,我就会发疯。"

不得不写,这几乎是每个严肃的写作者都会说起的一句话。他们总是从外部世界感受到比常人多得多的压力,这压力以俗常的方式无从释解,于是他们用文字筑起自己的堡垒,当他们想要退避的时候,会发现那个堡垒原来也是一重通道,一条把他们引向别处的路径。

从那个决意从浮泛的情感试练中脱身而出的时刻起,如果说还有什么可能把她从混乱、情感麻木以及困扰了整整一代人的伪善之中解放出来,如果说还有什么可以担当她一直为之努力不懈的呈现生命与世界真相的使命,那么,在她这里,就是写作了。

在琐琐屑屑的生活中进入写作,需要抵制太多的干扰。50年代初,在《野草在歌唱》和一些本意用于赚钱的短篇出版并顺畅销售的时候,多丽丝·莱辛开始写作《玛莎·奎斯特》。她尝试着全神贯注于写作,却发现自己被一大堆问题包围着:金钱,孩子,母亲,心理治疗师,情人,不时出现的借居者(他们并不理解孤独的必要),以及貌似与写作有关、试图框套精神生活的外部事件——旅游,会议,作家协会,政治,等等。

有很长一段时间她不得不每天随着孩子的节奏,起床,讲故事或者唱儿歌,准备早餐,送他上学,购物,然后,在孩子回到家门口之前,有一段属于自己的时间。在这不易多得的时间之内,还有种种常见的"家庭主妇的疾病"——必须买这个买那个,必须打扫,必须给某些人打电话,别忘了某些事,要把它们记下来……她要求自己竭力克服,或者借助十几分钟的小睡,以进入平和舒缓的心境。

沉浸在某种无烦扰的黑暗中准备写作成为刻意抵达的奢侈状态。与在情人臂膀中度过的黑夜不同,那是一种身心沉浸、充满创造力的"黑夜",是自我成为恒星、照见外物的"黑夜",没有三心二意,能量不欠缺也不过度。那种沉浮自如的"水下状态",有时候会因为情绪过于饱满而被改变,她开始变得锋利,变得紧张不安,这时候,她依然要求自己克制,另一端的克制。因为,这时候写作,任何感觉都会在文字里被无度地放大,而那种杜拉斯式的疯癫与极端,是她不希望有的。她的作品一如她本人,更理性,更克制。

物质生活对她来说不重要,但生活开支仍是经常需要她分神的一件事情。有时她不得不为挣钱去做一些秘书工作,或者写时事批评。因为初出茅庐,把一部书稿交出去之后,她听到的修改意见里不时会有诸如此类的建议:这个男人和这个女人,嗯,他们在这一章是否应该做爱了呢?大众喜欢看到他们做爱,在这一章,下一章……每一章。但多丽丝·莱辛不想写他们做爱,因为,在那个情节中他们不需要做爱,这样两个人物没有理由做爱,她绝不为了版税而像个老鸨似的撺哄他们做爱。

还有文字本身。一旦某个意思被文字固定下来,思想,甚至闪念,就可能被引用,进而成为需要负责的过去。多丽丝·莱辛不得不经常承受如此这般的抨击,久而久之,这当然可能成为写作之先就潜入脑海的禁忌:这个我可以说吗?可以写下来吗?会否竟然是错误的、荒唐的,竟然是一种误解?会否使自己显得愚蠢、滑稽?

在生活表象之下存在一些潜在的漏洞,比如不时袭来的悲观——对世界、他人或自己的失望,丧失目标,或突然看到了目标本身的虚妄。她不得不承认,"表象下隐藏的某种东西在等待着我,就像那些蚁岭,它们等在沙地的某个小坑底部,随时都会把挣扎的蚂蚁拉进流沙中"。因而,尽管许多人觉得轻度的沮丧和消沉可能造成最有效率的写作,但她尽量避免。她更看重生命和生活本身的状态,相对于生命和生活,写作是理解、修正、逃遁或超拔,她"以写作的方式使自己远离那些潜在的灾难",而不是相反。写下去,再写下去,凭着此刻的爱与坦诚,这就够了。

在朗翰街那个空间狭窄的寓所里,多丽丝·莱辛的人生转向了最初的寂静。从《暴力的孩子》到《金色笔记》,多丽丝·莱辛以浩漫的想象力和毫不矫饰的思考,写尽了横跨整个乌托邦时代的种族、阶级、文化和人性冲突。

阅读多丽丝·莱辛从来都不是一件轻松愉快的事。她的视野涉及非洲、英国及欧洲大陆,乃至太空,主题涉及种族主义和殖民主义、共产运动和世界革命、女性主义、精神分析,甚至神秘的苏菲教义。她极少老老实实地讲故事,她的文本结构要么枝节横生,要么根本不像一部小说,而语言,我相信很多人看了都会蹙眉:天哪,她的叙述风格绝对不允许你对情节和悬念太过好奇,她简直就是在考验你的智识储备和理解耐力。然而,多丽丝·莱辛很难被认真的阅读者忽略。

没有一个写作者可能在文字里撇开自我,但多丽丝·莱辛笔下的自我与众不同。阅读多丽丝·莱辛的间隙,我会不时想起米兰·昆德拉的《不朽》,或杜拉斯。当我们阅读小说或者传记的时候,一个极容易被忽

1993 年 5 月，多丽丝·莱辛到中国访问

略的事实是，作品中呈现的自我与他人其实都经过了有利于叙述者的改写，就像克里斯蒂娜叙述的歌德和她自己。杜拉斯把她的第一段情感故事复写了至少三次，越来越完美，令所有的传记作者都感到真伪莫辨。难得的是，多丽丝·莱辛呈现的自我不假雕饰，没有通常会有的剪接与夸张。她令你直面形形色色的"自我"的真相，其中有不可思议的坚持，也有不堪斟酌的荒唐。关于世界与时代的虚矫，关于人性的局限和人类认知的昏乱，她不屑于伪造。

　　1950 年，三十一岁的多丽丝·莱辛出版了处女作《野草在歌唱》。那是一个"令人惊讶的完美的开始"（库切），讲述一个非洲农庄中白人女主人玛丽与黑人男仆摩西的故事。虽然那时候多丽丝·莱辛还籍籍无名，但这本书立刻在西欧文学界和知识界引起了轩然大波，进而在普通读者中引起了广泛注意，一版再版。她写了种族歧视在非洲给白人和黑人带来的痛苦，在当时极具挑战性。许多人认为正是这个引起了人们的注意。其实，真正引起注意的是黑色男仆人和白色女主人的爱与性，这样的爱与性跨越了种族与阶级双重的界限，在多丽丝·莱辛笔下却显得理所当然。这一点，令许多人觉得受到了冒犯。《金色笔记》的出现，把这种道德惊诧推向了极致。多丽丝·莱辛似乎在挑战人们的忍受极限。一个离异后的女人,安娜·伍尔夫的不同自我被一个《自由女性》的故事和五本笔记"原汁原味"地呈现。这真相实在是有些残酷,有些令人难堪。难道人性中真的潜伏着如此严重的混乱、软弱与伪善吗?《金色笔记》坦率地宣布,当然有的,这毋庸置疑。

2007年,诺贝尔文学奖对多丽丝·莱辛的颁奖理由是:"这位用质疑的目光、燃烧的激情和幻想的力量表达女性体验的叙事诗人,提供了对文明的另一种观察角度。"她的质疑、激情与幻想当然不局限于表达女性体验,但是,她的确提供了一种另类的观察角度,非关男女,非关黑白,非关国家与阶级。

《金色笔记》出版之初,曾因为主题和结构形式上双重的反传统,被

2007年10月11日,多丽丝·莱辛
获奖后,坐在家门口的台阶上接受采访

评奖委员会明确指为"不可能获奖"。四十多年之后,瑞典文学院在回顾莱辛的创作道路时,却特别向《金色笔记》致敬,称之为以20世纪的视角揭示男女关系的少有的一部先锋之作。在长达半个世纪的时间里,《金色笔记》遭遇了种种误读,最严重也是最令作者难以接受的,其一是认定这本书约等于作者的"自传",其二是把这部著作视为"女性主义的圣经"。

女性作者的作品容易被视为自传,这是一再被验证的阅读规律。弗吉尼亚·伍尔夫曾经谈到这种常见的误读:对于女性作者的小说,"一百个读者中间,只有一个会真正关注其中所体现的想象力",其余读者只想知道那是否是作者的自我描述,作者是否"将自己融入了书中"。女作家一般更喜欢向内开掘,著名的杜拉斯,著名的苏珊·桑塔格,著名的多丽丝·莱辛……无一例外。从《玛莎·奎斯特》起,多丽丝·莱辛每一部作品中的主人公都酷似她自己。在《又来了,爱情》中,她如此描写女主人公:"她终身都在给自己画肖像,并非因为她没有别的模特儿,而是因为她热衷于发掘自己真实的、潜在的本性。"基于如此这般的陈述,她的作品屡被视为自传,是可以预料的事情。诗剧《与虎共舞》公演后,不断有人嘲讽说,她把自己的生活也放进剧本里去了。当时,约翰·奥斯伯恩和阿诺德·威斯克的剧本也在公演,多丽丝·莱辛揶揄道,没有人对他们说过类似的难听话,似乎《愤怒的回望》和阿诺德的戏剧都不是来源于生活似的。当时,看到爱德华·汤普森以左翼视角对《金色笔记》的批评之后,多丽丝·莱辛平静地说:"没有人,甚至没有据说对小说怀有兴趣并把其作为小说的文人会以合适的方式阅读一本书:人们会像阅读一本自传那样阅读《金色笔记》。……您称这部小说为主观主义,这样您实际上承认了您没有读懂这本书。"

这太令人郁闷了。多丽丝·莱辛一直不喜欢别人经由作品窥探她的私人生活,更不喜欢别人为她写传记。晚年,当她以令人惊讶的多产和无与伦比的洞察力声誉鹊起的时候，登门请求为她写传记、制作传记性电影的人络绎不绝，她总是婉拒："我看不出这有什么意义，他们总可以从阅读中找出我是什么样子的。"她的好友、同是诺贝尔奖获奖作家的库切说："作为一个在民众中和政治上都存在敌人的作家，莱辛承认她钦佩那些不写回忆录而选择保持沉默的人。"但是不喜欢被窥探的多丽丝·莱辛，晚年却把写作重点放到了回忆录上。因为她要"自卫"，她要从重重误读中解救"皮相之下"的自我，呈示曾经"行于幽暗"、怀抱梦想的自我，"争取属于自己的生活"。

在某种意义上，这是一种从大众误读中逃逸的渴望。中年时期她曾写过一个不知名的短篇，名为《屋顶上的女人》。一个女人——因为冷漠，她被称为传说中的"葛黛瓦夫人"——她曾为解救臣民而赤身裸体，骑马穿过伦敦的街道——喜欢独自待在屋顶上，不理睬任何人。屋顶有如暂时的避居，让她觉得惬意。对多丽丝·莱辛来说，写作也是一重屋顶，是一个与充斥着摩肩接踵的人群的地面"拉开距离"的高度，是从原始的、个别的、未加评论与检验的个体生活抵达"普世"的唯一通道。

把女性作家的作品视为自传，进而，如果她写得足够庄重，她的作品就理所当然地被视为"女性文学"——这种以作者的自然身份为标签的方式，用起来简直太方便了。但同时这又是一个畛域暗示，含有一种不言自明的界限。

许多权威的专业评论把多丽丝·莱辛归为书写"女性经验"的重要作家，即使瑞典文学院发布的获奖公告也概莫能外。对此，瑞典汉学家陈安娜和她的朋友们曾表示强烈不满："公告说她表达的是女性经验，我们认为那个说法有点奇怪。一个男人写男人的经验，他们并不说是表达男性经验，而是说表达了某种人类经验。……怎么这样写呢？女人也是人类。"

女作家的作品当然带有女性视角，这毋庸置疑，但这不是《金色笔记》所涉及的女性经验被过度放大的理由。她笔下那个女人的感觉,是关于情感,关于红色时代和黑色非洲,关于精神暗疾的——女性经验当然是人类经验,有如男性经验是人类经验一样。半个世纪以来,《金色笔记》最为关注、着力表达的"极端化的隔离及其后来的崩溃",那些俯瞰一个时代的政治、种族、心理和人类主题,被不恰当地忽视了。多丽丝·莱辛展现的是 50 年代蔓延全球的政治风貌和道德气候, 那导致安娜·伍尔夫精神抑郁、患上失语症的一切才是《金色笔记》的核心——

由于意识到整个世界确实正在走向黑暗冷酷的强权政治,在这种新认识的压力下,诸如民主、自由、独立等等字眼都失去了它们的光彩。……我知道索尔和安娜的凶狠、怨恨以及我、我、我、我,是战争存在的部分理由,我知道这些感情是多么强烈,在某种意义上说,这一切绝不会离我而去,相反会成为我观察世界的方法的一部分。

在这样一种时代语境下,所谓"自由女性"不过是一个反讽:强权之下的人类正在退化为爬虫,幻想中的女性自由根本就是非现实乃至荒诞的概念。从玛莎·奎斯特到安娜·伍尔夫,莱辛笔下这么多令人难忘的女性,她们既不是被侮辱与被损害的牺牲品,也不是激进的女权分子,而是政治与社会生活的参与和洞察者。她们的困境,又何尝不是我们所有人——包括男性在内——的集体困境呢?

若干年之后, 在检点关于乌托邦理想和人类遗忘症的文学表达的时候,人们发现了《动物庄园》和《古拉格群岛》,发现了《1984》、《我们》和《美丽的新世界》,发现了《无知》和《无权者的权力》……而我一直不太理解,何以出自多丽丝·莱辛的讽喻和反省却久被忽略?她的声音曾遭遇了那么激烈、那么久的道德愤慨。不得不承认,许多时候,并不是我们怠惰于坚持自我,而是,我们总是被不容商量地篡改。看到"脆弱表皮包裹下的文明会怎样涂饰我们的伪装",多丽丝·莱辛也会感到恐惧："在坚持自己的信仰、原则以及自己是谁的问题上,我们都是那么的脆弱。"

在诺贝尔文学奖获奖感言中,多丽丝·莱辛说:"我从来没想成为一个小说家,我只是想要逃走,一直如此。"

若干年后,多丽丝·莱辛依然在回顾年轻时代的逃逸。其实,第一次离家出走并没有给多丽丝·莱辛的生活带来本质性的改变。裂变是从1949年开始的,从那一年起,她的艰辛生活和写作一同开始。也许从来到伦敦的第一天起,多丽丝·莱辛就意识到了那个被问了无数遍的问题有多么沉重:出走之后呢?

自由意味着要独自承担生活的艰辛。关于中年女性的逃逸,《天黑前的夏天》被认为是一流的表达。它被《纽约时报》誉为"继马尔克斯的《百年孤独》之后最好的小说"。多丽丝·莱辛创造了一个逃逸的中年女人凯特。二十年来,凯特早已习惯了料理一切。一个夏天,当丈夫和儿女忙着计划各自的暑期行程时,她猛然意识到,她成了一个可有可无的人。她在一种巨大的失落中离家出走,找工作,恋爱,旅行,做梦。在与少女莫琳合居了一段时间之后,她却决定回家了。因为"她的想法变了",她认为自己和家人都生活在一张自欺欺人的网中,人们穷尽一生所追求的真相,相对于无尽的时间,都是暂时的,是假象。这已经不仅仅是女性生存的话题,而是关涉所有人。

凯特常常梦见一只搁浅在海滩上的海豹。"它想回到大海去,这才是问题的关键。"但它自己爬不到大海。于是凯特拖着它在冰雪地上走,把它拖向大海。可是很多次,他们都累得筋疲力尽了,还没有看见海。这梦境就日复一日地重演。走向大海的过程疑虑重重:

就算前方真的有大海,我也不知道自己离那儿究竟有多远。我害怕极了，生怕自己走错方向，也许，我永远都找不到海豹需要的大海。也许前方永远只有冰雪和黑暗，无边无际——也许我和海豹会倒在雪地上，再也站不起来。

所幸的是，经过了一场场的梦魇，她至少看到了希望。大海就在前面，可以看得见。准备回家的凯特，已经不仅仅是作为妻子和母亲——作为别人需要的角色重返牢笼，而是作为自己，作为完整的、获得了自我主权的人，回家。

六　最后的那颗珍珠

想逃的人心里，都有一块臆想中的乐土。多丽丝·莱辛的乐土何在，我一直没有看到。朱迪斯逃到自己的房间（《我的朋友朱迪斯》），苏珊逃向旅馆的房间（《十九号房》），凯特逃向世界。然而逃跑之后，她们怎么做自己？写作的人们爱把写作本身称为归宿。对一种技艺的热爱可能成为安慰，却不可能成为任何人的乐土。我从多丽丝·莱辛这里看到了这么多的质疑，这么强烈的愤怒，这么失败的抵抗，仿佛乌云密布的天空，没有飞鸟，也没有虹。

直到看见那些被忽略的短篇。

喜欢构造重量级作品的多丽丝·莱辛，把最深的梦留在了这些短篇里。表情似铁的多丽丝·莱辛在这里变得安详，她开始慢慢地讲她的故事。在这些穿着古旧外衣的故事里，我依稀看到了伊萨克·迪内森的影子。"讲故事的人"，她们都这样称呼自己。讲故事是需要安静与缓慢的，否则，那遥远的世界就不开门。但伊萨克·迪内森更纯粹，在故事之外几乎没有声音，她仿佛知道咒语，能轻而易举地进入山洞，获得隔绝；而多丽丝·莱辛则身处闹市,她的视野里景象驳杂,因而她必须声如洪钟势若沉碾——这样巨大的质量,已经远远超出了故事的承受限度。

唯有在这些碎玉般的短篇里,她才是心无旁骛的"讲故事的人",才找到了一种适合于睡眠和做梦的速度。

"讲故事"早已成了一种定式,就像饭碗,它的形式——驯顺,缓慢,弯曲,讲述者完全隐蔽,等等,都已化为与习俗相符的公理,没有必要再更改。多丽丝·莱辛也不想更改。她开始讲了——嗯,她从现场撤退,故事是一帮被大雾延误了航班的旅客讲的。故事开始于与金钱有关的两种传说:一种是西方传说,金钱给人带来霉运;另一种是东方传说,金钱意味着吉祥,比如在东方国家,人们总是在幻想天上下起珍珠雨,或者遇到一棵摇钱树。最后开口的一位旅客说话了,他讲了一个珍珠的故事——

约翰内斯堡有个名叫伊甫瑞姆的人,祖上世代经营钻石生意。伊甫瑞姆的两个弟兄都成了钻石商人,伊甫瑞姆却专心于琢磨钻石的手艺,直到四十多岁还没有结婚。一次,伊甫瑞姆被雇到亚历山大港,为一个富商雕琢一块金刚石,给他的女儿作陪嫁,他的女儿即将嫁给一个南美的年轻人。工作完成后,商人请他出席家宴。就这样,伊甫瑞姆见到了商人待嫁的女儿米润——她穿着宽松的白色绣花纱衣,站在喷泉旁边,并不是特别漂亮,但是看上去很迷人。晚宴时她穿的是旧衣服,衣服的高领上镶着几颗假珠子——把真的珠宝藏起来而佩戴假珠宝,是当时的风尚。米润衣服上的赝品令伊甫瑞姆如坐针毡。钻石雕琢师看不惯赝品。晚宴过去了,伊甫瑞姆没有回家,而是让家里人把他这些年积攒的钱汇过来,买了一颗堪称完美的珍珠,作为礼物送给了米润。伊甫瑞姆抱怨说,她不该佩戴假珠子。第二天,伊甫瑞姆回到了约翰内斯堡,米润梳妆台上的银盒子里,装着这颗完美无瑕的珍珠。

另外一件事也同时发生了:米润拒绝了既定的婚事。有了这颗珍珠以后,米润完全变了样。米润的父亲于是为米润安排了一次旅游,让她到伊斯坦布尔去看望她的表姐妹。

与此同时,伊甫瑞姆正在一丝不苟地做他的手艺活。他梦想做一个浅底的水晶盘,像钻石一样晶莹闪烁,里面盛放一百种不同白色的宝石玫瑰。他开始收集宝石和珠子,每一颗都完美无瑕。

米润没有征得家庭同意,在伊斯坦布尔嫁给了一个年轻的意大利工程师卡洛斯。米润跟着丈夫迁居罗马,生活非常艰辛。她常常记起那个普普通通的中年男人,他同她一起吃过两顿冗长而枯燥的晚餐,给了她一颗如此完美的珍珠。从来没有人这样认真对待过她。米润不时打开小银盒看那颗珍珠,因想到曾经有个人认为她不同凡俗而感到自信。

后来,战争爆发了,米润的丈夫被强征入伍。她的第一个孩子夭折,第二个孩子即将分娩,她住在意大利中部一个小镇,没有任何生活来源。两支外国军队正在作战,小镇居民饥寒交迫。伊甫瑞姆就在其中一支军队里做勤务兵,正驻扎在这个小镇。一天,伊甫瑞姆走过一个喷泉,把装满各种宝石的盒子塞在池底的淤泥里。又过了六个月,他回到喷泉所在的小广场。那里挤满了饥饿的人,各种年纪的妇女从他面前走过,因为饥饿,她们随时准备出卖自己。形形色色的人都向他伸出手,想用手里的打火机、手表之类换一口食物。伊甫瑞姆非常悲哀,因为他没有带食物。就在他站起来准备离开的时候,一个神情憔悴的女人走了过来。

"你不记得我了?"她开口问他。

伊甫瑞姆开始端详女人的脸,女人也在端详他。两个人就这样坐了两三个钟头。那是怎样的端详啊——

时至今日,不论他俩之间发生过什么事,重大或不重大(他们自己无法说),都是属于另一领域、另一高度上的,不是他们生活在现实世界里能够了解的。问题显然不在于她,亚历山大港的一个令人不能忘怀的女孩子,如今已经沦为贫穷少妇,正在一个被战争破坏的小城镇里等待分娩;也不在于那个钻石匠为了她带着一盒宝石熬过四年战火。这些宝石中有些很贵重,有些并不宝贵,也有一些一点儿也不值钱,但它们都有一个共同点,其价值同另外一件宝物密切相关。那件宝物就是在一个短暂的时间内、毫无缘由地名叫米润的女孩子。

小广场上空升起一轮瘦瘠、惨淡的月亮,米润从胸前取出那颗珍珠,托在掌心里给他看。"我一直没有卖,"她说,"有时候我很需要一点吃的东西,我一直挨饿,你知道,我没有用人……"

她突然沉默不语。她正在努力控制自己,但是眼睛里却满含泪水。过了半天,她才又开口:"我就是不卖它,说什么也不卖。"

他看着她。这目光何其熟悉,她在记忆里重温过无数遍——恼怒、厌烦、忧愁——那目光正在对她说:你为什么这么傻?同它所代表的相比,一颗珠子有什么珍贵?如果你在饿肚子,需要买吃的,当然你就该把珠子卖了。

伊甫瑞姆把那盒珠宝拿出来,对人们说,来拿吧。他站起来,把各种各样的宝石向半空中扔出去。

他们告别,各自从对方的视线里消失。

多丽丝·莱辛所写的这颗珍珠,也许在别人看来,不过是一颗毁了米润一生的不祥物。然而,它却被这个女人珍藏着,历尽艰辛也不舍得用它去兑换物质的安详。被珍藏的珍珠,正是多丽丝·莱辛的一生中都不曾遇到的东西。"米润的珍珠"也成为一个隐喻,成为许多人分外喜欢这个短篇的理由。它意味着许多,但归根结底意味着一种温度——发自本性,不炫目也不熄灭,不炽热也不冷却,纯粹的给予,无所希图甚至没有合乎逻辑的理由;但若是你被暖热了,你在这样一重咒语里入定,你在若干年之后的某个瞬间还为之哽咽流泪,这返回的温度,那个人也会感受到。来拿吧,他把搜寻多年所得的珠宝撒向人群,对那些陌生人抱愧地说,来拿吧,都拿去吧。

由此,我仿佛终于窥见了多丽丝·莱辛的逃逸之路。我的注意力不得不又一次被吸引到了那个主题——角色的多重性。在多丽丝·莱辛这里,角色的多重性已经不再是核心,因为这只是表象。追梦者所希冀的多重性,比如伊萨克·迪内森所说的多重的、不确定的社会身份,苏珊·桑塔格所说的多重生活,其实并非角色,而是人格的多重性;也并非特殊,而是人人皆有。唯一的不同是,有那么一些人,懂得这种分裂的自然与可贵,懂得惜爱每一重自我,拒绝把它们纳入一致性。

多丽丝·莱辛拒绝为自己形成传记的原因也正在于此。不是所谓的低调与故作姿态,而是基于对记忆的不信任。记忆对经验的选择本来就

1984 年 10 月 30 日,多丽丝·莱辛在英国伦敦寓所

存在偏颇，它留下的只是对感官形成过强烈冲击的经验（比如童年经验)和反复重复的经验(含有许多被动经验)。而许多至关重要的人生经验，因为当时没有得到强调，或者恰恰因为它给人的压力太大，从而被抑制了。传记只能强化这种偏颇。事实上，传记往往把曾经发生的枝形生活砍削成一根木杆，它"只有一种口吻，由一人写成，这个人将不同人格的跌宕变化抹平了"。相比而言，虚拟性作品更堪呈现作家身心之中的多重性，是作家"人格的综合体"，所以，人们更容易从小说中看到完整的作者人格。与其说"我是艺术家，因此是男女同体"(《一封未投寄的情书》)，不如说，我创造，因此同时是许多人。

从《非洲的笑声》、《皮相之下》到《影中漫步》，再到《甜蜜的梦》，多丽丝·莱辛关于自我经验的叙述往往是搜寻式的。她偏爱那些曾经以潜隐的方式给精神造成重大影响的细微经验，那些容易被记忆忽略的细节。关于自我，她提供的全部是线索驳杂、意义含混的篇什——无限的景深，人物在此处，也在别处。

我们阅读的时候，多丽丝·莱辛逃走了。我们谈论的时候，多丽丝·莱辛在远处，像上帝一样发出讥讽的微笑。在这样的"自传"里，我们找不到一个统一的、明晰的多丽丝·莱辛，似乎她提供的不是某个人的生活，而是许多人的生活；但这恰恰就是多丽丝·莱辛，一个多重生活者，一个一言难尽的人。这个人又极其简单，就像那个赤身裸体在屋顶上晒太阳的女人，她就是她自己，她根本不在意在别人那里她是什么，她赤身裸体晒她的太阳，谁也不搭理。至于这赤裸的身体引起的反应——史丹利的骚扰，哈利的轻薄，汤姆的爱……那都跟她毫无关系。

杜拉斯：
Marguerite Duras

爱上爱情

纪实与虚构："一个盲目的爱情故事，不停地向我走来。"

爱上爱情："你们的爱情会有一个作者，那就是我。"

以人类的名义："我只理解他一个人。"

绝对霸权："你只能看我。"

感官世界："在画面中完全书写。"

书写与不朽："那个贯穿在多少世纪中的我自己。"

玛格丽特·杜拉斯,1914 年 4 月 4 日出生于法国殖民地西贡（现越南嘉定），十八岁首次返回法国巴黎。1996 年 3 月 3 日去世。

1939 年与罗伯特·昂泰尔姆结婚,1946 年离婚。1942 年与迪奥尼斯·马斯克罗一见钟情,1947 年他们的儿子让·马斯克罗出生。1957 年,与迪奥尼斯·马斯克罗分居。1984 年,认识二十七岁的扬·安德烈亚,两人相伴直到终生。

1943 年,出版《无耻之徒》,此后陆续出版小说《阻挡太平洋的堤坝》、《直布罗陀水手》、《琴声如诉》、《塔吉尼亚的小马》、《安德马斯先生的下午》、《痛苦》等,另有戏剧作品《塞纳－瓦兹的高架桥》、《戏剧》（三卷）、《英国情人》等,电影作品《广岛之恋》、《恒河女子》、《在荒芜的加尔各答她名叫威尼斯》、《阿加莎或无限的阅读》、《大西洋人》等,随笔《物质生活》、《外面的世界》、《写作》、《这就是全部》等。

杜拉斯的作品被译成四十多种文字,畅销全球。1959 年,由杜拉斯撰写剧本,阿兰·雷内导演的电影《广岛之恋》,在法国上映后以卓异的票房纪录使杜拉斯闻名遐迩。1975 年,杜拉斯创作并执导的影片《印度之歌》在戛纳电影节期间获法国艺术片影院及实验电影院协会奖,成为法国重要电影流派"岸派"的成员。1984 年出版的小说《情人》先后获龚古尔奖和里茨－巴黎－海明威奖,1991 年被改编成电影后全球热映。杜拉斯以卓异的创作成就和独树一帜的风格,被誉为法国新小说代表作家、当今世界最负盛名的法语作家。

Marguerite Duras

杜拉斯一生的起始与 20 世纪几乎完整地吻合。十八岁之前她在越南(当时的法属殖民地安南)度过,从 1932 年返回法国起,杜拉斯的人生很快就和一个特殊的圈子密不可分。

　　事实上,谈到杜拉斯就不能不先谈左岸。左岸,如今已经成为理想、先锋与自由思想的代名词。20 世纪初它还是一个地理概念——指巴黎塞纳河的西岸。20 世纪,左岸云集了知识界、出版界、文学界、艺术界、大学界最为权威和富有影响力的人物,发生过许多对全球文化艺术乃至政治影响至深的文化运动。

　　在杜拉斯初到巴黎的 20 世纪 30 年代,西欧左翼人民阵线正在兴起,建立了无产阶级政权和社会主义制度的苏联在这里得到了众多知识分子的拥护。1936 年,西班牙内战打响,巴黎成为声援西班牙共和派的诸多国际活动的发祥地。40 年代前半期纳粹德国占领期间,这里成为欧洲抵抗运动的秘密中心。战后,苏联发生的"大清洗"使左派阵营分化,许多左派知识分子信仰失落,感到迷惘。萨特的存在主义哲学以其所引申的"介入"概念,成为许多知识分子和作家、艺术家遵奉的创作和行为准则,知识分子、作家、艺术家与政治的关系遂逐渐成为一个被长期热议的话题。

　　杜拉斯从学生时代起,就迅速接近并融入了这个知识文化圈。她的丈夫罗伯特·昂泰尔姆,情人和挚友迪奥尼斯·马斯克罗,都是左派文化圈的核心人物。她在 1944 年加入法国共产党。她在圣伯努瓦街五号的居所,在她有生之年,一直是巴黎左派政治和文化活动的重要据点之一。60 年代以后,她的另一处居所——位于海边的黑岩旅馆公寓,又成为岸派电影人活动和创作的根据地。

"她写作,玛格丽特·杜拉斯。玛格丽特·杜拉斯,她写作。她有的只是用来写作的铅笔和水笔。除此之外,她一无所有。"1988 年接受吕斯·佩罗访问时,杜拉斯如是说。但是事实上,杜拉斯的世界不是闭关自守的,杜拉斯不是在一己情感里沉浮的小女人,而是对这个世界抱有深刻同情的言说者。

当杜拉斯的表达方式被模仿得惟妙惟肖的时候,却少有人能模仿杜拉斯最重要的品质:一贯介入,一贯在场。

我在大学时代第一次听闻杜拉斯的名字。知道了世界上有这么一个女人之后就再也无法忘记她。杜拉斯像一颗独自燃烧的恒星,一直在发自本能地输出能量,照亮她经过的每一样事物。读过杜拉斯,你就会在许多时刻、许多情境中遇到她,极端,任性,虚无,天真,满怀激情……这是她的方式,是她对这个世界的爱情。

除了杜拉斯,还有谁能够以如此执著、如此单纯的态度对待世界呢?她对任何东西、任何人的爱,仿佛都是爱情——其中有独一无二的理解,有如胶似漆的欲念,有霸占,有爱惜,有厌倦与离弃。当然,那也是对你——某个阅读者,某个陌生人——的爱情,会令你忘却秩序严明的俗世,在痴与痛中沸腾。

这样一种人格,常常让我想起尼采的格言:理性分析会消解自然浑成的力而导致人的衰落;人只需要通过酒神精神与痛苦抗争,发现人生的美,赋予世界以意义。

杜拉斯有如白光,在概念上可以说其中什么都有,但是也可以说什么都没有,因为太强烈,没有人可以看清楚。生命力与灌注其中的醉意,这有可能分析吗?如果一定要用一种逻辑去解析,那肯定会导致索然无味的结论。对她而言,去感觉,做梦,这就够了。她在一种不断向外辐射的能量中,在一种见所未见的旺盛中,袒露她的天真与世故、善良与恶毒、坚贞与放诞。

杜拉斯一生所爱的东西,莫过于写作,男人,酒,电影,当然,还有她自己,杜拉斯——写作的杜拉斯,在时间与空间、庸常与梦想、实在与虚构中穿梭的杜拉斯,通灵的、永不磨灭的杜拉斯。

但杜拉斯的意义,肯定不止于此。

一 纪实与虚构:"一个盲目的爱情故事,不停地向我走来。"

杜拉斯此生的最后一句话是给年轻的情人扬·安德烈亚的:"我爱你。再见。"那时,她八十二岁。即使在白发苍苍的年纪,杜拉斯也依然在经历激情洋溢的爱情,不是那种退化为所谓"亲情"的毫无性感的相伴,而是不折不扣的爱情。

杜拉斯热衷于男女之爱。在同性恋几乎成为巴黎知识界和文艺圈的流行现象的时候,作为圣伯努瓦街五号沙龙女主人的杜拉斯,依然宣称"我爱男人,我只爱男人"。非爱情的情感在她那里是无法理解的、可恶的。爱情,成为杜拉斯理解世界、理解人性的基点,贯通了她所有的际遇与作品。

杜拉斯活得太强烈。她所遭遇的许多东西并不能与之相匹配,这种强度便常常处于一种悬置状态。是不是唯有爱情,唯有这种足够强烈的东西,才可能让她获得呼应?我不能断定。

过早开始的爱情往往带有吸噬和弥补的潜在动机,对爱情的过度

杜拉斯和母亲

迷恋也大多如是。如同某种食肉植物——茅蒿，狸藻，捕蝇草……它们由于生长环境和根系机能的限制，无法像普通植物那样从根部获得充足的营养素，为了生存，它们的茎叶就生发出诱捕昆虫的机能，带有消化黏液的叶片往往美得炫目，一旦昆虫接近，那些叶片就会一拥而上，在十几分钟内吸干它。

杜拉斯的父亲很早就去世了，大约在她四岁的时候。颓丧的母亲变得心灰意冷，把她所剩无几的爱几乎全部给了长子。在杜拉斯的作品或纪实文字里，母亲差不多是一个老鸨似的角色，为了钱，默许小女儿与殖民地一位富有的年轻男人"恋爱"。在当时法属殖民地印度支那，年轻男人的父亲富甲一方。年轻男人手上戴着硕大的钻石戒指，坐着奢华的黑色利穆轿车，有穿制服的司机，有法国留学的经历。在当时，他们彼此的身份意味着不可能有婚姻，两个人的相爱甚至是颇不名誉的事。但是，母亲关心的是钱。

她的爱情，第一次爱，于是变得味道复杂。那段爱情开始于十五岁

62

童年的杜拉斯和家人

少女杜拉斯

半，在她的故事里反复出现过——《厚颜无耻的人》《阻挡太平洋的堤坝》《情人》《来自中国北方的情人》……混乱，痛楚，含糊其辞。若干年后，年老的杜拉斯还在不断地重述这段令人揪心的恋爱：那究竟是卖身，还是爱情？

在《情人》里，那个偶然遇到的中国男人，富有，优雅，深情，软弱。他总是用双耳瓮积存的清水给她洗浴，再把她抱上床。对于他们两个人来说，那爱情都不存在未来：他的父亲早已为他准备了一位中国的闺秀，根本不可能允许他娶一个"非我族类"的女人；她的母亲和白人社会，也绝对不能容许她嫁给一个中国人。

他们都没有力量抵抗。看着命运的播弄一步步逼近，她记得，他的脸在战栗，牙齿紧咬，双目紧闭，他绝望地说："我再也不能得到你了，我还自以为能，但是办不到了。"

离别的时刻到了。当轮船发出汽笛鸣声的时候，她哭了。"她虽然在哭，但是没有眼泪，因为他是中国人，不应该为这一类情人流泪哭泣。"有一天，当轮船行驶到印度洋深处，她偶然从别的旅客那里听到一个女孩投海殉情的故事。然后是深夜，她一个人待在主甲板上，听到有人在弹奏肖邦的圆舞曲，乐曲声穿过夜色传到甲板上。那时候少女才确凿无疑地意识到了爱情，意识到正在发生的离丧。爱情一度被成人的算计遮蔽，这时候，当一切都发生过了，当命运已经不可逆转，她才醒悟到，她是爱他的，并不为了钱，他也是爱她的，并不为了贪欢。可是，他们之间已经没有机会告白，他们之间，隔着苍茫的印度洋。

海上没有风，乐声在一片黑暗的大船上向四外扩散，仿佛是上天发出的一道命令，也不知与什么有关，又像是上帝降下旨意，但也不知其意。少女直挺挺地站在那里，好像这次该轮到她纵身投海。后来，她哭了，因为她想到堤岸上的那个男人，一时之间无法断定她是否曾经爱过

64

他,是否以人们见所未见的爱情去爱过他;因为他已消失于历史,就像水消失在沙中;因为只是在现在,此时此刻,从投向大海的乐声中,她才发现他,找到他。

　　但是,半个世纪以后,杜拉斯还是为这段不了了之的爱情加上了一个结尾。

　　在她的幻想里,半个世纪以前的爱情还在,在那个男人的心里封存着,不曾被残酷的时光所消磨:"对于白人少女的记忆依然如故,床上横陈的身影依然在目。在他的欲念中她一定居于统治地位久久不变,情之所系,无边无际的温柔亲爱,肉欲可怕的阴暗深渊,仍然牵连未断。"在她经历结婚、离婚、开始写书之后,在她白发苍苍的时候,那男人来到了巴黎,给她打了一个电话。他还是像半个世纪以前年轻的时候那样胆怯,他说,他仅仅想听听她的声音,因为"他依然爱她,他根本不能不爱她,他说他爱她将一直爱到他死"。

　　这是真的吗,杜拉斯? 在你写下这些文字的时候,那个男人已经去世多年,他爱你到何时,是否爱到他死,已经没有人再会了解,他也不可能越过一生的折磨再来到巴黎,来为你零落的爱情画一个完美的句号。你也一如那个初恋被玷污的白人少女,对这人生的残忍,"对这一件件一桩桩,一无所知"。

　　若干年后,杜拉斯看着镜中那张皱纹密布的面容,又一次回想这段初恋。她说,在这段恋爱过去之后,她十八岁,那时候,她就已经老了。这不是杜拉斯的危言耸听,虽然许多人这么批评她。这是真的。那个时期留下的照片里,杜拉斯的眼神已经不再清澈。十七八岁的杜拉斯带着几分魅惑和满不在乎,就那么挑衅地看着镜头。那是一个"过来人"的眼神,有和那个年纪绝对不相称的老到:"我脸上那样一副顽固不化的表情……我看人的目光也很不好,母亲说简直有点恶毒。"

这样的毁弃令人不甘。

于是,这个故事不断走进她的虚构,也走进她的爱情。这个故事成为杜拉斯生命经验中的一枚钉子,时间久了,逐渐生锈,但它一直钉在心里,成为一种难以拔除的钝痛。

与其说杜拉斯一直致力于再现这段爱情,毋宁说,她一直在竭力分析这种贯穿一生而挥之不去的羞耻与沉痛。一种发生在人生之初的遗憾,一滴白纸之上的墨痕,源头性的不纯粹,与她真率的天性相悖的开始,在纪实与虚构中有可能得以掩饰、篡改,或者得到修复吗?这西西弗斯式的努力,杜拉斯一直在尝试,不仅用文字,也用不断开始的热恋,一次又一次,直到一生将尽。

一个盲目的爱情故事
不停地向我走来,从来没有忘却

从杜拉斯的第一本书《无耻之徒》,到晚年出版的《情人》,这个故事被反反复复地书写,以至于杜拉斯被一些评论者讥讽:"杜拉斯并没有写作,她只是一直在复制同一个故事。"《无耻之徒》出版的时候,在给迪奥尼斯·马斯克罗的题献里,她如此解释主题的来源:

这本书从我这里掉落:恐惧和欲望
源自艰辛童年的恶意

《无耻之徒》里用得最多的一个词是"恶心",这个词是对童年时期家庭氛围最牢固的感觉。邪恶而粗暴的大哥,钟情于邪恶长子的母亲,成为大哥牺牲品的小哥哥,破坏了一切的金钱,还有那个战战兢兢的小姑娘莫德,在某种程度上她已经被母亲卖给了邻家农夫的儿子——就

十七岁的杜拉斯

像少女时代的杜拉斯自己。被亲人虐待的恐惧,无爱的恐惧,在童年时期的感性记忆里被无限放大:"像她这样早已被遗忘的一份存在,微不足道,如茫茫大海里的一点残骸,根本不应该惊动任何人。她莫名地感到愤怒,仰面倒在小床上,伸出双臂抓住床。"

看过杜拉斯作品的人,谁都不会忘记《情人》的结尾。深夜,在一艘行驶在茫茫印度洋上的邮轮的甲板上,那个年轻姑娘在暗自饮泣。那是改编自杜拉斯的电影《情人》的最后一组镜头。让娜·莫里干净冷寂的画外音在诉说着年轻姑娘的悲伤。那是杜拉斯最初的爱情,不是被某种判断误解,而是被生活、被命运强制性地歪曲。爱情发生过还是没发生过,究竟在谁心里发生过,存在过多久,什么时候变质了,直到诀别的时候,当事人也还不清楚。就像那一片无边无际的印度洋,它来自无从穷尽的过去,通向不可预知的将来,它包围着她,却由于对她并无丝毫的安抚,也约等于不存在。

这黑暗的心情化作以后岁月里"找回"的渴望,无限的深,无限的远，就像莫德感觉里的茫茫大海，很黑，很庞大。人生之初的缺憾成为生命的底片，成为困扰终生的畸形的渴望。在杜拉斯的一生中，欲望就如炼狱之火，怎么燃烧都难以化为灰烬。她爱上一个男人又爱上一个男人，她离开一个男人又离开一个男人，她贪享他们的美与智慧，厌弃他们的局限与赢弱——所有的情感事件都显得理所当然，她从不掩饰："我可以同时有五十个男人。"

当杜拉斯声称"我爱的是爱情本身"之后，有多少人开始模仿她的腔调？有多少模仿者了解杜拉斯言语中的切肤感受，了解这句话背后那种一言难尽的自我经验？

杜拉斯去世之后，在一份未发表的手稿里，人们看到了这样一段话：

相信自己的童年无足轻重，我想，这是一种深层次的、决定性的、根本的缺乏信仰的表现。

所有的人都会对童年表示首肯。所有的女人都会为了随便什么人的童年故事落泪，哪怕那是个凶手，是个暴君。最近我才看过一张希特勒在童年时代的照片，他穿着衬裙，站在椅子上。

如果从一个人的童年出发考虑问题，那么所有的生命都值得无限同情。

童年，失去父亲的杜拉斯，被母爱遗忘的杜拉斯，经常被大哥殴打的杜拉斯，那时候她姓多纳迪厄，玛格丽特·多纳迪厄，在颠簸中意识到了人生最初的轻。那种轻令这个人缺失根系，令这个人终生飘荡。那远逝的家乡，传说中的最俗常的温暖，在别处找，怎么可能找回来？若干年后，风烛残年的杜拉斯最后一次去了那片田野。陪她一同去的朋友回忆说，那时候，走在田野里的杜拉斯大声对自己说话，她在说童年时代记忆中的母亲,总是说不尽的母亲。

以这样一种心情回望杜拉斯的一生,她说得没错,我也禁不住潸然泪下。

二　爱上爱情:"你们的爱情会有一个作者,那就是我。"

为爱而爱。杜拉斯坦承不讳:"我总是会离开。这一点救了我。我是不忠实的女人……我爱的是爱情,我喜欢这样。"说杜拉斯耽于肉体的欢乐也不算错,但至少并不很准确。在杜拉斯那里,谈情说爱或者做爱,其性质都不过是捕获,目的不在于交流与共生,而在于吸噬与弥补。

爱上爱情,在当时的西欧知识圈与文艺圈差不多是时尚话语之一。许多人——比如多丽丝·莱辛、阿娜伊斯·宁——在公开场合都曾表示,她们爱的只是爱情本身。这种在我们看来很奇怪的表述,其实在双重意义上都是成立的:

一重是设定。每个人都有自己的爱情理想。这理想基于对自我和"那个人"的完美预设,而这种预设往往是不切实际的——完美的人格实在罕见。于是爱情成为符号,实在的两性关系成为印证或模拟。处在恋爱关系中的双方反而变得无足轻重。

另一重是自我。爱情的对应性被忽视,成为一个人的单方需要,精神的或肉体的。这差不多是一种非自觉的强制:以恋爱的名义将对方物化,将对方化为自我情感和肉欲的投影。

这种情形被罗兰·巴特称为"勾销":"在语言的突变过程中,恋人终于因为对爱情的专注而抹去了他的情偶。恋人爱上的是爱情, 而非情偶。我渴求的是自己的欲望,而情偶仅是附属品。"(《恋人絮语》)

初恋夭折之后的杜拉斯,需要的既不是符号化的"爱情",也不是情

巴黎求学期间的杜拉斯

感意义的爱情,她需要的仅仅是弥补,是一种与对方的个性没有必然联系的"我爱你"。某个男人吗?嗯,只要足够俊美,足够像,只要合适,杜拉斯会允许他充当一场爱情正剧的配角。

在巴黎,杜拉斯的第一个配角,是让·拉格罗莱。

1935 年,二十一岁的杜拉斯就读于巴黎法学院。但是她一度迷上了哲学,她读《福音书》,读斯宾诺莎,很快得到了哲学学士的文凭。因为怀念父亲,她同时兼修数学。这个冰雪聪明、有着东方人轮廓和猫一样的眼神的女孩,神情欢愉却略带乡愁,吸引了许多遇到她的男人,让·拉格罗莱是其中的一个。

那次相遇简直就是一场情景剧。1935 年年底的一个夜晚,杜拉斯租住的学生公寓楼发生了火灾。本来杜拉斯因加入救世军离开学校,已经有半年不在学生公寓住了,但是那一天她恰巧回来了。火势凶猛,她逃到公寓楼下。在一片嘈杂声里,在消防队员面前,有个同时从火海中逃出来的男学生跟她搭讪。即使在那样仓皇的情况下,那男生的优雅气度也没有逃过她的眼睛。原来他竟是她同一楼层的邻居，以英俊、富有、知识渊博和忧郁症闻名法学院的让·拉格罗莱。

在让·拉格罗莱的引导下，杜拉斯比较系统地见识了欧美文学经典和戏剧的高贵与美。由此，杜拉斯领略到表达的本质与极简叙述的关系。直入本题，注重体验与感觉而非情节的曲折，电报式的简约，后来成为杜拉斯一生不变的叙述格调。

他们相处不久，让·拉格罗莱的脆弱和颓丧就让杜拉斯感到难以承受。杜拉斯不喜欢痛苦，年轻的杜拉斯精力过剩，她想要的是明亮和享乐。她离开了学生公寓，搬到远离让·拉格罗莱的保尔·巴鲁埃尔街安顿下来，只保持一种脱离形式的情感关系。

第二年，杜拉斯爱上了罗伯特·昂泰尔姆。杜拉斯的离弃使本来就脆弱不堪的让·拉格罗莱彻底崩溃，他一生再也没有碰过女人。

这算是相爱还是单恋，真是不好断定。杜拉斯无意和什么人建立固定的两性关系。似乎她永远不会和什么人相爱，而是，她赋予某个男人爱她的机会。她对"爱情本身"的渴望如此强烈，以至于，爱情在她这里成为一种单向生活，一种可以消化吸收的给养，一种完全客体化的"物品"。她谈论男人的口气就像谈论饭菜："对付男人的方法是必须非常非常爱他们，否则他们会变得令人难以忍受。"她"从来也不想做男人"，她觉得"每一个女人都比男人神秘"，她做女人做得风生水起、兴兴头头。她不会为了某个男人的感受而勉强自己去付出或回报，绝对不会。她只需要、只索取、只享受。如果说有给予，那也只是爱情的自然属性造成的客观效果，不是她有意的。

在情感世界里，杜拉斯掌握着绝对霸权。即使在白发苍苍的年纪，她也依然飞扬跋扈，不可一世。每当她感到爱得不够好，她就会收回这机会，会毫不犹豫地转身而去；假如她需要，她就会夺取，而不大考虑对方的感受。面对生命迟暮时遇到的年轻男人扬，她霸王似的说："你只能

71

看我。你不会离开我的,瞧,你是个废物,你根本离不开我,离开我你没有地方可去,你会没法生活。"

1942年,杜拉斯认识了迪奥尼斯·马斯克罗,对他一见钟情。

杜拉斯对男人的仪容美有嗜好,到了近乎恋物的程度。对美男子,她怀有某种类似收藏的欲望。迪奥尼斯正是这样一位极易勾起收藏欲的美男子。杜拉斯曾在不同的场合赞美他是"美男子,非常美的美男子","英俊,很英俊,像上帝一样英俊"。即使在离开他之后,杜拉斯依然赞不绝口。那真是由衷的鉴赏。

迪奥尼斯有情人,杜拉斯也还处在与罗伯特·昂泰尔姆的婚姻里,而且有一位"诺伊情人"。但是,在圣伯努瓦街五号——杜拉斯的寓所,在那个蜂巢般的左派沙龙中,迪奥尼斯很快迷上了这位健谈、风趣、温

1942年,杜拉斯与情人迪奥尼斯·马斯克罗

暖、有着非凡凝聚力的"蜂后"。这一次是真的爱上了,杜拉斯开始有背叛罗伯特的感觉,这种感觉是在和其他情人的相处中从来没有过的。

　　真正的爱情里存在诗意。杜拉斯一再把迪奥尼斯引回故乡——她领他回到杜拉斯镇,在种满了葡萄、烟草和李子的乡野上度过了两个夏季;她常常情不自禁地和他谈起印度支那,谈起季风转换时期的天色、在夜半时分蓝得要命的天空,谈起母亲,还有那所被太平洋岸边的沼泽包围的房子。那时候,杜拉斯的第一本书稿正在反复修改。那本书终于出版了。在送给迪奥尼斯的那本书的扉页上,她题词:"一九四三年四月二十一日,献给教会我蔑视这本书的迪奥尼斯。"第二天,她又写下一段分行文字:

　　昨天我们一起数了日子:六个月
　　我知道你有点害怕,我也一样
　　我不喜欢这样,不喜欢吃惊

　　从今天开始,需要
　　安安静静地数,多少星期,多少天

　　杜拉斯开始写《平静的生活》。迪奥尼斯成为男主角蒂耶纳,如同圣灵显现的天使:"他的身体美得令人吃惊……他什么衣服也不该穿,他以太阳为裳。"书中的年轻女人弗朗索,感到有一种爱深刻在她的肌肤里:"哪怕离他很远,我也能够非常清楚地感觉到除了他我谁也不要。我自认为是一直在支撑着我的东西从此消失了。"某种支撑性的东西,是什么,是杜拉斯的自我还是她已经建立起来的生活?直到临终,杜拉斯仍然承认,她很少像爱迪奥尼斯一样爱一个男人,一个纯粹爱情意义上的男人,一个平等相待的情人。

他们的最后一面是扬·安德烈亚安排的。此前,他们的儿子乌塔曾成功地把他们一起叫到诺夫勒堡,给他们合影。照片上的杜拉斯已经苍老,但依然美而忧郁,看上去令人心折。在她病体不支的时候,扬·安德烈亚请迪奥尼斯·马斯克罗来看她。迪奥尼斯最后一次按响圣伯努瓦街五号的门铃的时候,是杜拉斯开的门。她看了他很久,把他拥入怀中,说:"我们俩曾经非常相爱。"

　　无论如何,当年,和迪奥尼斯的爱情一度改变了杜拉斯。第一次,她在男人面前不再嚣张。与罗伯特的宽厚不同,迪奥尼斯对她的批评、对她的文字的批评从来不留情面。但是,在很长一段时间里,他的意见被她全盘接受。

三人行

74

真正的爱情也令人产生洁癖。有了迪奥尼斯以后，杜拉斯切断了和其他男人的联系。和罗伯特一起度假也令她深感烦恼，因为她不愿意跟他再有肌肤之亲。她渴望和迪奥尼斯生个孩子——这是杜拉斯表白爱情的极致方式，它的强烈惊吓了迪奥尼斯。显然，迪奥尼斯的爱情并不像她一样强烈，他没有离开原来的情人。

当人们议论杜拉斯—罗伯特—迪奥尼斯这个著名的三角关系的时候，其实，很少有人意识到，杜拉斯并不是这个三角关系的核心。这不是线性的关系，而是真正的三角：他们三个中的任何一个，都得到另外两个的爱慕。

杜拉斯介绍迪奥尼斯和罗伯特认识以后，两个男人之间迅速产生了一种罕见的知己情谊，这感情深切而牢固，几乎把杜拉斯排除在外。迪奥尼斯对罗伯特的仰慕溢于言表："罗伯特身上有一种神圣的简单。我从来没有遇到过像他这么本色的人。"

杜拉斯不得不算计，如果离开罗伯特，迪奥尼斯会愿意和她一起生活吗？她给迪奥尼斯写信："没有爱就不能生孩子。有了孩子就必须和与你有了孩子的男人在一起。那我只有和罗伯特在一起了。在未来的灰烬中，我只寄希望于背叛你。"

他们一同参加了抵抗组织，而罗伯特不幸被捕，被关进达朔集中营。这实在是一个十分严酷的事件，它压垮了杜拉斯。杜拉斯和迪奥尼斯的爱情中止了，他们成为一对为罗伯特的生死未卜感到痛苦，并竭力要实施营救的同伴。这种改变直到罗伯特获得营救、慢慢康复为止。

杜拉斯很爱罗伯特，但不是情人之间的那种爱。她和迪奥尼斯对罗伯特怀有动物般的仰望和依恋。为了和迪奥尼斯生个孩子，杜拉斯和罗伯特离了婚，但仍在圣伯努瓦街照料他，不愿意和他分开。

后来，杜拉斯和迪奥尼斯生了儿子乌塔，他们在一起共同生活了十年。但迪奥尼斯的爱情一直不能令她满意，她认为他的不专注破坏了他

1948 年,杜拉斯和儿子乌塔

们的感情。1956 年,尽管迪奥尼斯拒绝分开,她还是离开了他。

如果说当年杜拉斯把罗伯特介绍给迪奥尼斯的时候还对爱情的高贵深信不疑,还在炫耀自己"对男人的要求有多么高",那么,到了终于离开迪奥尼斯的时候,杜拉斯对爱情的期望已经明显降低了刻度。写于这个时期的《塔基尼亚的小马》,表明杜拉斯对爱情本质上的无望已经了解:"所有的相爱,都是一个爱情逐渐消失的过程。"

她看到了爱情的物质性——爱情是生命中的必需品,但它往往充满缺憾。世界上不存在绝对的爱情。进而,她对爱情的"处置"方式,也不再像以前那样郑重其事,她再也不把爱情与生活并置了,再也没有。

1957 年夏天,在一个左派文人的节日聚会上,杜拉斯遇到了热拉尔·雅尔罗。这个英俊的棕发男人当时三十四岁,阴郁,迷人,古怪,以记者为职业,但更希望别人把他尊为作家。他迷恋杜拉斯的作品。遇到她的那个晚上他想送她回去,被她拒绝了。但他从一个朋友那里得到了她的地址,于是他给她写了一封信,告诉她他在某咖啡馆等她。他真的在等,每天都等上五六个小时。第八天,杜拉斯去了。热拉尔旺盛的活力令杜拉斯陷入迷狂。因为这个男人，杜拉斯有了《劫持劳尔·V·斯坦茵的迷狂》，以及此后的十余部作品。

热拉尔和杜拉斯一样贪享并善于营造肉体的欢乐，不忠实，比杜拉斯更激烈、更极端。他们打打闹闹地持续了十年。终于有一天，杜拉斯被热拉尔追逐脱衣舞女的行为所激怒，她把他从自己的寓所赶了出去，不再理睬他的道歉，也不再理睬他托人求和的心愿。

1966 年热拉尔死于心脏病猝发。那时候，杜拉斯的成就与声名与日俱增。写作与日渐凶猛的绝望，占据了她的全部生活。一直以来支撑着杜拉斯的那种东西，对于爱情与自我的确信，这时候开始坍塌："爱情并不存在，男女之间有的只是激情，在爱情中寻找安逸是绝对不合适的。"杜拉斯进入了某种紊乱状态。

与情人热拉尔·雅尔罗在一起

在遇到扬之前,杜拉斯有过或深或浅的艳遇,但似乎再没有认真地爱过什么人。当爱情被作为消费品的时候,它也就丧失了固有的精神性,而降低为即时的娱乐。无爱的人享受的仅仅是爱的泡沫——或被称为"激情",或被称为"狂欢"。肉体的盛宴上杯盘横陈,却没有酒。在情感的沉浮不定中杜拉斯渐渐感到了不可救药的虚无,1970年,一部关于毁灭,关于政治、爱情和词语的著作——《毁灭吧,她说》出版。

好在杜拉斯有她的酿酒方式。她写作,她创造人物、故事、声色,让他们演绎爱情。她以为人人都一样,或者,没有几个人比她更聪明,比她离那种叫爱情的东西更近。既然她这么聪明都没有见到过完美的爱情,那么,一定是上帝根本就没有创造爱情这种东西,爱情只能由她来创造。这个情感世界的女神,她创造的爱情惊心动魄,但她在创造之先就声明,这只是一个假设。在《琴声如诉》、《广岛之恋》以及以后的作品中,等待和抹去成为一成不变的主题,爱与空、爱与死,难解难分。那真是痛彻肺腑的宣告:爱的性质就是坦率地寻求毁灭,只有在死亡中,才可以得到绝对的爱情。

怎么消化这样的色与悲呢?杜拉斯说,痛苦并不能阻挡我们投身于爱情,因为爱情是尘世间最美妙的事情;至于爱情衍生的痛苦,只有一个办法可能使之变得可以忍受,那就是"成为这种痛苦爱情的作者"。她宣称,她就是爱情世界里的救世主:"你们的爱情会有一个作者,那就是我。"

三 以人类的名义:"我只理解他一个人。"

如果说杜拉斯一生中曾对什么男人有过庄重、恒久的爱慕,那么,罗伯特·昂泰尔姆可以说是唯一的一个。在智性与道德的双重意义上,杜拉斯从不掩饰自己对他的臣服:"他沉默的时候也仿佛在说话。他不劝你什么,但是没有他的意见,我什么也做不了。"

1936 年年初,让·拉格罗莱介绍杜拉斯与自己的朋友罗伯特·昂泰尔姆相识。这位博学、高贵、有着布尔乔亚倾向和圣人般胸怀的男人很快吸引了杜拉斯。罗伯特在 1939 年成为杜拉斯的丈夫,也成为她一生信赖的师长和朋友。

起初,这份情感应该是由一致的政治观念和立场引发的。

20 世纪 30 年代后期,欧洲正处于法西斯主义的威胁之下。巴黎知识分子和大学生习惯于加入一种气氛热烈的集体生活——在咖啡馆或小酒馆,成夜成夜地讨论法西斯主义将会带来的后果,国民阵线、共产主义及政治民主的前途。那个时代,巴黎拉丁区成为左派知识分子群集的区域,在那里活跃着许多著名的左派政治、学术和文艺团体。某一对男女坠入爱情,意味着出现了一桩可与圈子里的朋友分享的情感事件——通常是短暂的、敷衍的,而婚姻,则完全是另一回事。

杜拉斯和罗伯特就处于这样一种知识和伦理气氛中,感情和政治观点一样处于成长状态,有明显的倾向,但不完全确定。德国的恐怖与威胁已经笼罩欧洲,而法国并没有做好抵抗的准备,巴黎知识圈弥漫着某种麻木的和平论调。罗伯特渴望告别以前的生活,他觉得那些"把内部的传奇与流血的时代混为一谈,把和谐和整饬混为一谈"的讨论只是在浪费自己的精力和诗情。在那样一种心情中,杜拉斯朴素的强硬立场和对于正义的激情令他感到难得。

凭着一种政治理想与牺牲精神——后来则发展为一种忘我的人类情怀,杜拉斯与罗伯特建立了牢不可破的友谊。那时候杜拉斯正在法国殖民部忙于为新任部长芒戴尔效力,他试图武装殖民地人以增强法国的抵抗力量。罗伯特则义无反顾地加入抵抗部队。罗伯特不时返回巴黎,睡在圣伯努瓦街五号房前的门毡上等杜拉斯回家。

一天,身在军旅的罗伯特收到杜拉斯的电报:"想嫁给你。回巴黎。"

1940 年,杜拉斯和丈夫罗伯特

他高兴极了,立刻请假回去,闪电般地办理了结婚手续。第二年,罗伯特退伍回到巴黎,他们在圣伯努瓦街开始了共同生活。他们的朋友雅克·贝奈、乔治·波尚、拉夫等人常常不请自来,通宵达旦地讨论。后来则有迪奥尼斯、莫尼克等人不断加入。圣伯努瓦街五号成了这帮人聚会和交换意见的场所。

1943 年,罗伯特由于参与组织抵抗运动被捕。这个身高一米七八的男人,在法西斯的集中营里被折磨得体重只剩三十五公斤。第一次遇到来自法国的同道雅克·贝奈时,他不能确定自己是否还能活下去,他让雅克·贝奈给杜拉斯捎了一封短信。这封短信用蓝色铅笔写成,信纸折了四折,没有信封,一直被杜拉斯深藏在一本簿子里,直到她去世。一个生命垂危的人写的信,一个尚未获得自由的人写的信,很短,但是,它也许会令许多情书显得浮夸:

我的宝贝,终于能给你写这封信,是在这世界的悲惨中,在痛苦中

80

赢得的时间。一封情书。……

再见玛格丽特。你不会知道的,你的名字令我这样痛苦。

那时的杜拉斯正在四处打听他的消息,设法营救,等待。从来没有什么能够把杜拉斯折磨成那样:无法进食,无法睡眠,在极度的沮丧和疲惫中昏厥,呓语,常常有幻觉,几近疯狂。若干年后,杜拉斯发现了被自己藏在箱底的、写于那个时期的日记。日记后来经杜拉斯整理出版,名为《痛苦》。

玛格丽特·杜拉斯,她写了那么多,我最爱她的《痛苦》,这些为罗伯特·昂泰尔姆而写的文字,由于涉及纳粹的屠杀和虐待,涉及人类施加于同类的残忍而显得格外沉重。它超越了杜拉斯一贯的文体和叙述风格,也超越了杜拉斯一生没有逃开的情爱主题。这不是"写"出来的,杜拉斯说,没有人可以"写"这些。

这不写之写、不言之爱,却成为我感受杜拉斯的真切和深情的唯一通道。也许,在一种人生罕见的严酷之中,一个人才能够真正地遇见自我。我们所珍视的,我们尊为生命之上的部分,被我们自己忽略了的信仰与坚贞,只在非同寻常的时刻才会降临。

在我看见大海的时候,我不知道他在哪里,但是我知道他还活着。但愿他还活在这个世界的某个地方,但愿他还在那个角落里一息尚存。……当他回来的时候,我们就去海滨,到温暖的海滨去,那是他最高兴的事。他会回来的,他会到海滨去的,他会站在海滩上,注目凝望大海。我呢,我只要注目看他就行,只要凝视着他,不再要求任何东西。

这无可言喻的顾惜与原谅,是杜拉斯一生所遇中,唯一能够胜过她的任性和狂妄的力量。它不是自我灵魂的展演,而是给予对方的归宿。

于是，爱情也不再仅仅是激情与欢乐，而是成功皈依。

杜拉斯曾在漫长等待的痛苦里，在对罗伯特的担忧和想念里对自己发过誓，她发誓她再也不会有别人了，不可能了，她也不会想和迪奥尼斯·马斯克罗要孩子了。那是一场艰辛的、纯粹的等待，迪奥尼斯近在咫尺，但是她没有碰他的欲望。

当罗伯特被迪奥尼斯和同伴营救回法国、获得自由并逐渐恢复之后，杜拉斯也渐渐从沉重的担忧和顾念里醒转。她依然被迪奥尼斯的美和爱所吸引，她决定不再瞒下去，她决定由迪奥尼斯去说，把她和迪奥尼斯的相爱，原原本本告诉罗伯特。

对迪奥尼斯·马斯克罗来说，对罗伯特·昂泰尔姆的爱也许比对杜拉斯的更庄重；对罗伯特来说，也几乎如此。他们是彼此爱敬的知己与同道。在罗伯特被捕的日子里，迪奥尼斯陪伴、保护着杜拉斯，见证了杜拉斯的等待与痛苦，分分秒秒，他知道她曾经被忧虑和绝望压迫到崩溃和疯狂的状态。罗伯特回家之后，极度的虚弱和体能枯竭曾使他随时可能死亡，是杜拉斯的固执与坚持救了他。那时候，杜拉斯的表现令每个知情的人敬佩。

的确，当罗伯特恢复常态的时候，隐瞒已经毫无必要了。

迪奥尼斯说了，一切——在罗伯特被捕之前，他和杜拉斯相爱。

许多年以后，在迪奥尼斯·马斯克罗保存的档案里，人们看到了罗伯特·昂泰尔姆当时留下的手迹，一首写在小学生练习纸上的断句：

这是我的朋友

他对我说了一切

他的脸只有一点点红

双手颤抖

而我，我迈着局外人的步子

走进他的故事

我把他抱在怀里

瞧,让我们哭吧,哭吧

他看着我,我的朋友,他站起身来

在钢琴上弹奏了

四五个音符

他走了

我待在原地,浑身泥泞

在床上蜷成一团

抱着这个故事

这是我的朋友

他对我说了一切

    在罗伯特·昂泰尔姆这里,与迪奥尼斯爱上同一个女人,成为了他们共同的痛苦。这是一种近神的爱意,占有的欲望被完全澄清——即使在当时的法国,在两性关系的自由被极度宽容的时代,这依然是罕见的。

    不惟情感。杜拉斯遇到的是一个对人性的任何瑕疵皆抱有同情的人。一个写作的女人,她可能获得多大程度的接纳?杜拉斯说,除了罗伯特,没有人能够受得了她:"男人们忍受不了写书的女人。对男人来说这很残酷。这对大家都很困难,除了罗贝尔·A。"

    获得自由之后的罗伯特经历过了漫长的身心恢复过程。作为精神复原的重要标志之一,他的著作《人类》震惊了当时的巴黎知识界。德国战败之后许多人在清算,但是,犹太人曾经被剥夺了为人的资格,这一点,由于太残酷,由于触及每个人(包括抵制者、受害者)作为人类的良知,一直是讳莫如深的话题,更没有人理性地分析过将犹太人当做燔祭的后果。

《人类》无意清算，罗伯特说，唯有坚持当初的抵抗和牺牲者所坚持的一切——人类对待同类的基本准则，不再令任何人（包括纳粹分子）成为非人，人类在艰难的自我反省和完善中，才是真的胜利了。

《人类》以深度介入的立场、智性和勇气，完成了一次文学极限的探索。经由这本书，杜拉斯似乎领悟了文学内在的奥秘。那扇门，她一直在说的那扇门，终于打开了。《人类》之后，杜拉斯的语言彻底摆脱了矫揉造作和装腔作势，变得干净利落，有了狂飙般的率性和气度。她的作品呈现出一种前所未有的力量，一种"和堕入深渊的那股力量相抗争的"力量，一种灵魂呈现，同时也变得宽容，有了容纳性的、召唤和庇护的空间。

从《街心花园》之后，杜拉斯的自信很快变成了不可一世的霸道，她不再听任何意见。迪奥尼斯也失去了在出版前阅读作品的权利。只要听到不同的意见杜拉斯就会勃然大怒。有时候她也会直截了当地告诉对方："你和我不是一个水平线上的。"

唯有一个人的意见例外地得到尊重，这个人就是罗伯特。这尊重当然不是仪式性的，而是由于，杜拉斯对罗伯特的立场和思考有着完整的理解。

被这样一个人照耀过，我相信玛格丽特·杜拉斯的生命和写作都会无法逃脱——他的爱与智慧太宽大，无论逃到哪里，她都不可能从这样的深情和指引里逃出去。若干年后，当她离开他，他们各自有了别的爱人，杜拉斯也依然对这个人和这份感情充满了敬服：

我还想谈谈这爱情中的某种东西。我说，在那个时候，在他濒临死亡的那个时候，我反而更加懂得这个人，更了解罗贝尔·A，我永远理解他所做的一切，我只理解他一个人，绝不是别的什么人、这个世界上的任何人。我说我要的就是世界上只有罗贝尔·A所专有的宽厚,还有那仅仅属于他的乃至在集中营里依然表现出来的那种美好气质,他的才智、爱情、学识、政治,还有那曾经经历过难以描述的时日,唯他独有的但又分担一切人的失望的那种美好善良的秉性。

四　绝对霸权:"你只能看我。"

在爱情王国里杜拉斯是个女王,很早就登上了属于她的王位。

1935 年,二十一岁的玛格丽特·多纳迪厄从母亲提供的居所里搬出,住到了贵族学生公寓,用不知什么时候积攒的钱为自己买了一辆漂亮的小汽车,开始了独立生活。从此,母亲的不公正和大哥的暴力对她鞭长莫及,她开始完整地左右自己——从名字,到职业,再到男人、一切——从母亲那里,从幼年时代起就不得不承继的宿命里,拿回了自己的王权。

杜拉斯,这个名字是她给自己的。来自母亲姓氏的"多纳迪厄"她一直不喜欢。多纳迪厄,给上帝的孩子,被弃的孩子,她不喜欢。与这个名字有关的过去,承受冷漠、暴力和被出售的过去,她不喜欢。她把自己的名字改成了杜拉斯——那是父亲待过的小镇的名字。在那个位于法国南部的小镇,他有过一处老房子。到 1942 年年底"小哥哥"保罗去世,她彻底切断了和多纳迪厄一家的联系,成为完全独立的、无家的杜拉斯。

从此,杜拉斯这个词,这个声音,就不再是以一个地名,而是以一个写作者、一个霸王似的女人的名字,被人们一再提起。若干年后,当拥有这个名字的人已经作古, 她的一位朋友在接受访问时说:"我很庆幸自己逃过了杜拉斯的诱惑,在爱上她的许多男人里,没有几个能逃过她的引力而得到轻松的结局。"不得不说,其实在阅读者中也一样:没有几个

杜拉斯和她的小哥哥

能逃过她的引力。只要遇见过杜拉斯,她就会成为一个无形而无处不在的磁场,强劲的磁力线穿过你,你还是你的面目,但是你自己清楚,你已经变得不一样了。

罗伯特后来的妻子莫尼卡·昂泰尔姆忆及他们的相处时说,杜拉斯的聪明、热情和诙谐曾让所有的人感到意趣盎然、流连不舍,但是出名之后,她开始"只谈论她自己,用第三人称谈论自己",这让他们——昂泰尔姆夫妇和许多别的朋友,感到受不了。

是的,杜拉斯谈起自己的时候,称呼有时候是"杜拉斯"、"她",有时候是别人口中的"你",或自己所设的镜像中的"我",总之,是有距离感的,和她的此在不重合的,具有对峙和隐喻性的"我自己"——

她写作,玛格丽特·杜拉斯。玛格丽特·杜拉斯,她写作。她有的只是用来写作的铅笔和水笔。除此之外,她一无所有。

我已经老了,有一天,在一处公共场所的大厅里,有一个男人向我

86

走来。他主动介绍自己，他对我说："我认识你，永远记得你。那时候，你还很年轻，人人都说你美，现在，我是特为来告诉你，对我来说，我觉得现在你比年轻的时候更美，那时你是年轻女人，与你那时的面貌相比，我更爱你现在备受摧残的面容。"

我注意看那衰老如何在我的颜面上肆虐践踏，就好像我兴致勃勃读一本书一样。

没有哪个作家比杜拉斯更喜欢谈论自己，没有哪个作家如此喜欢以旁观者的口气谈论自己。纵观杜拉斯一生成就的六十余种作品，"自我"始终是最触目的在场，极少例外。

在杜拉斯从事写作的 20 世纪，"主观写作"即使在相对开放的西方，也是一个颇受诟病的词汇——它意味着对私生活的过度关注，以及缺乏想象力；而女性作家的写作由于较多地涉及了个人经验，往往作为一个特殊类别——女性写作——被评论界提及。许多作家在作品中讳言自我经验。一些颇有建树的作家诸如夏目漱石、罗伯特·瓦尔泽、斯维沃、贝克特、赫拉巴尔、迈斯特，则以反讽的姿态为自我立传。伪装焦虑和节外生枝成为控制作品情绪的主要手段。自传性作品通常会以一段辩护性或对抗性的文字开篇，承认长篇累牍地写自己有失体面。贡布洛维奇干脆在《日记》中宣称："我想让你以为我是这个样子的，而非我就是这个样子的。"

杜拉斯不管这些。骄傲的杜拉斯扬言："我写女人是为了写我，写那个贯穿在多少世纪中的我自己。"

杜拉斯最好的作品，《阻挡太平洋的堤坝》、《无耻之徒》、《情人》、《印度之歌》、《痛苦》等，都是直接表现或重构自我经验的作品。暴虐的速度，神经质的句式，无主题，无意义——她呈现着那个具有烧灼感的

杜拉斯在诺夫勒堡

杜拉斯,从不羞羞答答。简直可以说,杜拉斯这个人,这种天真、炫目的个性,就是世间最好的作品。她写她自己就够了。

这个耀眼的女人颠倒了无数的崇拜者。

大约是上世纪80年代末,那时候我还在读大学,杜拉斯的书还极少有人见到,刚刚上市的《痛苦·情人》在某些小圈子里被迅速地传阅。那纸张生脆的封面上,作者的名字被译为"杜拉"。"杜拉"这个名字就像一个西方传说里的巫婆,带着某种诱人的邪恶,带着神秘、危险与蛊惑,刻在那一代学子的记忆里。

那时候,杜拉斯刚刚从长达八个月的昏迷中醒来。陪伴她的,是她生命里最后一个情人,三十多岁的扬·安德烈亚。

他们是1980年认识的。那一年,杜拉斯六十六岁,衰老,酗酒,古怪,刻薄。扬·安德烈亚二十七岁,正在读大学,身材瘦高,不声不响,有种病态的羞涩。从他敲开她在黑岩旅馆的公寓大门开始,他就彻底成了她的俘虏。杜拉斯把他养在家里,给他买圣罗兰的衣服,要他打字、洗

与情人扬·安德烈亚在一起

碗、开车,陪她看电影,到海边兜风。他们在一起生活了十六年,直到杜拉斯去世。

这段颇具传奇色彩的爱情,曾经被杜拉斯写成书,拍成电影,成为无数读者茶余饭后的话题。

你的声音,柔和得令人难以置信,冷淡,令人生畏,好像勉强发出来,几乎听不见,好像总有点心不在焉,与讲的话分开,毫不相干。十二年后的今天,我仍听见你当年的声音。它流入了我的身体。它没有形象。它谈区区小事。它也默不作声。(《扬·安德烈亚·斯泰纳》)

杜拉斯去世之后,这段爱情又成为以扬·安德烈亚的名义出版的一个故事——《情人杜拉斯》。

把《情人杜拉斯》和《扬·安德烈亚·斯泰纳》放在一起阅读是会令人惊讶的。他和她的语气如此酷似,仿佛她还没有死亡,她的灵魂在他身

上驻扎,如今借了他的口,又来述说这段爱情:

　　您的确死了。您的肉体消失了。再也没有身体要照料、要洗、要喂东西、要抚摸、要爱、要哭、要笑。再也不必奉献了。您的躯体再也不会碰我,把我死死地搂在怀里了。没有了。再也没有了。

　　该怎么理解他们的相处呢?扬是同性恋,而杜拉斯,她憎恶同性恋。在他们刚刚住到一起的时候,在相当长的一段时间里,扬不时会离开特鲁维尔的公寓,去某个酒馆找男人。杜拉斯恶毒地骂他是"鸡奸者"。
　　杜拉斯毫不顾及扬的尊严。在她眼里这个男人根本是没有尊严的。但是,《情人杜拉斯》不仅令人惊讶于他的爱惜,更惊讶于他的了解。他写,她之所以死,是因为在这个世界上看得太多,喝得太多,抽得太多,气得太多,爱得太多,吃得太多,写得太多……一句话,她活得太强烈。他根本不觉得杜拉斯是老死的。他的杜拉斯不会老。他知道她死于疲惫,因为她一直活得过度。他说的不仅仅是杜拉斯的爱情,也言及杜拉斯的立场:

　　您做了太多爱的尝试,希望得到全部的爱,而爱恰恰能致人于死命。您直到生命的最后一刻,都像个共产主义者。您怀着这种必要的理想,相信总有一天,明天,今天,人与人之间能平等相待,把对方当做一个真正的人,像兄弟一样相爱。总有一天,人们将摆脱金钱,摆脱强人法律,不再相互践踏。

　　这个男人知道,对杜拉斯来说,他是不重要的,与杜拉斯对于他的意义根本不可相提并论。正如杜拉斯临终所言,没有了杜拉斯,他的日子一下子变得难以忍受。就像失去了阳光的植物,他变得委靡不振,蔫

90

和扬·安德烈亚在街头小憩

了,垮了。在长达两年的时间里,他把自己关在杜拉斯留给他的小屋里终日滥饮,闭门不出,不说话,不洗澡,不理发,不接受任何人的采访。

在杜拉斯死后,人们也许才真的相信,这个男人与杜拉斯相伴十六载并非为了别的。他陪伴她只是由于爱慕,爱慕她的文字,爱她的才华、坦率、强度与趣味,接受她的霸道与乖戾,爱慕这个先自己多年而生而死的女人。

多年以后他的身体也会寂灭。但是杜拉斯去后,他提前把自己的精神关进了坟墓。他没有自己,他唯有杜拉斯。

五 感官世界:"在画面中完全书写。"

从 1956 年《抵挡太平洋的堤坝》被改编为电影的时候开始,杜拉斯就与电影有了不解之缘。1958 年,杜拉斯为阿兰·雷内导演的电影《广岛之恋》创作对白。

一个发生在死亡现场的爱情故事，惨烈与缠绵构成了极其触目的感官印象。极端的对峙，正是杜拉斯分外喜欢也十分擅长表现的。在这次创作里杜拉斯对一对情人之间可能有的对话作了极致想象。九十分钟的影片，每一段都有令人过耳难忘的对话。当然，更精彩的是独白，是杜拉斯写在屏幕上的句子，有声音有影像的句子，更感官，更蛊惑人心。

一个法国女人在广岛，演一部关于和平的电影。她遇到一个日本男人，爱上了他。这时候，原子弹爆炸留下的创伤还没有完全过去。

看着这一切她不断地想起内维尔——那座法国小镇，她的故乡。在内维尔她爱上了敌营里的士兵。"在内维尔的日子是我这一生最年轻的日子。还有再也不会来的疯狂。"有一天他在等她的时候被冷枪击中，在她眼前慢慢死去。她则要为爱情承受羞辱，被剪去了头发，关在地窖里。死于内维尔的情人在她心里埋着，成为不可解释的伤痛。

这时候画外音进入。是她的独白。先是关于广岛的惨剧："大地上一万度的高温，如同一万个太阳，连沥青也燃烧起来……"然后才是他们的相遇：

我遇见你了，我记住了你。你究竟是谁呢？你折磨着我，同时又使我满心欢喜。你如何知道这座城市是为了爱而建造的，你又如何知道你的躯体是为我而生的。我爱你，很爱很爱。一切都来得那么快，也来得那么甜蜜，你不会知道的，你在折磨着我，同时又使我充满了生机。我有时间。我恳求你，吞了我吧，把我弄到很难看的样子。为什么不是你呢？为什么不是你在这座城市，这样的夜里？你能告诉我如此相似的夜晚如此相似的城市它们的区别是什么？我恳求你，把我吞了吧。

爱情与伤痛一道演进。这次邂逅极其短暂。很快，告别的时候来了。她在夜晚的大街上独行。这时候，画外音再次冷寂地进入，关于爱，关于人类的灾难与伤害，对人性的绝望与对爱情的绝望……与相遇之初的独白遥相呼应：

这座城市是为爱情建造的。你的躯体是因我而生的。你到底是谁？你折磨着我。我饿了，对不忠实、谎言的饥饿，还有死亡。我总是那么的饥饿。我只想有一天你会出现的。我会永远等着你，静静地等着你。你吞了我吧，把我弄成你的模样。这样在你之后就再不会有人，理解我为什么这么爱你了。我们留在这儿吧，黑夜没有了边际，太阳也不会因为谁再次升起，永远都不会。你还在折磨着我，然而又使我满心欢喜。让我们为这消逝的白天哭泣吧，我们再也没有其他的事情要做了。让我们尽情地哭吧。时间将流逝，而且，只有时间会流逝。终有一天。在那一天，我们将不知道有什么能将彼此联系在一起。一切将从我们的记忆中慢慢消逝，慢慢地，逝去。

如此爱。当深爱的男人来到她面前，请她留下来的时候，她却拒绝了。她问："要时间来干什么呢？为了生存，或是为了死亡？"对她而言，内维尔不可理解。她对面前的男人说："广岛。以后当我想起你，你就叫广岛。"他说："你就叫内维尔。"

人的伤痛融进城市的伤痛，融进人类的伤痛。在这里，人们难以从杜拉斯的爱情里区分爱人与世界。她不分开它们——爱他必然爱世界；爱世界，才能爱他。爱这无限的时间与空间，以及其中发生的任何爱。

杜拉斯的写作是适合这样来欣赏的，用电影的方式，用更感官的、声色俱全的方式来读。因为单单印在纸上，那没有声色的文字，似乎还不足以表达杜拉斯内心的全部感觉。作用于感官的记忆会来得尤其刻骨。

电影作为 20 世纪人类艺术史上的一个重要和崭新的门类，是在 19 世纪与 20 世纪之交的西欧和美国诞生并成长起来的。但直到 20 世纪，电影才有了比较成熟的形式,活动的影像变得比较连贯、稳定,有了情节和声音。杜拉斯开始接近电影的 50 年代,彩色和立体电影刚刚诞生,柏林电影节设立也才不到五年。但是,从 1954 年起,在欧洲、美国和日本,电影表现手法和题材的开拓突飞猛进,达到了电影史上第一次高潮性的发展。在电影发祥地巴黎,形成了许多独树一帜的电影流派。1958 年到 1962 年,"新浪潮"电影运动席卷法国。新浪潮电影导演大多同时兼任《电影笔记》杂志的影评人,有着成熟的电影观念,崇尚个性与独创,奉行"作者论",表现出对电影构造与电影语言的高度自觉;主题则深受存在主义哲学艺术观的影响。他们重视拍摄的自由度,往往只凭纲要性的脚本拍摄,采用即兴与自发的拍摄方式。

杜拉斯为之创作脚本的《广岛之恋》,就是新浪潮电影的代表性作品之一。《广岛之恋》也是严格奉行"作者论"的代表作。电影基本上是心理的,动作不多,第一个长镜头就是特写的肌肤,是落满了沙尘的肌肤,那是在核爆炸的劫难中相互紧拥的臂膀,也是男女主人公的臂膀。在场景置换中进入画外音——大段的内心独白。杜拉斯文字里特有的感官性,浓郁的惑人的感官性,借助画面和声音,得到了酣畅淋漓的发挥。这使许许多多的观众迷上了杜拉斯,也使杜拉斯迷上了电影。

这迷恋一发不可收。1959 年,杜拉斯参与了由彼得·布鲁克导演的《琴声如诉》的改编;1961 年,她与当时的情人热拉尔·雅尔罗合作,先后为亨利·科尔皮导演的电影《长别离》、路易斯·布努埃尔导演的电影《维尔迪亚纳》创作了剧本。只是写剧本似乎远远不能满足杜拉斯的表达欲望。她所期待的强度还没有达到。1966 年,杜拉斯尝试执导电影。先是一个音乐的录像版,然后是在诺夫勒堡拍摄的《黄色的,太阳》。

不像写作那么单纯,拍电影需要有相应的经济支持。杜拉斯没有那么多钱。她于是组织了一个沙龙式的电影圈子,使用朋友和情人做演员(她给他们做饭,但是没有报酬),把自己的住处——诺夫勒堡或特鲁维尔的黑岩公寓作为拍摄地,而剧本,当然用自己的作品。

这期间,杜拉斯的时间依然用以写小说、创作戏剧剧本。与热拉尔分手之后,杜拉斯对电影的迷恋增加了一重新的功用——绝望在日复一日地滋长,她需要借助更有力、更诱惑、更具有感官性的表达方式来平息潜伏的疯狂。这方式就是正在迅速攫取众人注意力的电影。

1972年,杜拉斯拍摄了《娜塔莉·葛朗热》和《恒河女子》,前者由让娜·莫罗主演,参选了当年的威尼斯电影节和纽约电影节。9月,杜拉斯得到了导演证。

1974年,杜拉斯带领着自己的电影团队,在巴黎和罗涅-比昂古尔完成了《印度之歌》的拍摄。崇尚文本的风格再次引人注目。《印度之歌》为女主角安娜-玛丽·斯特雷特的风格定了型,也使男主角"法国副领事的叫喊"成为经典。当年,电影参加了戛纳电影节的"眼福"系列展出,并在欧洲几个国家巡演;1976年,获得法兰西电影学院颁布的水晶星奖。

1976年之后,杜拉斯先后拍摄了十几部影片:《在荒芜的加尔各答

1972年,拍摄《娜塔莉·葛朗热》

她名叫威尼斯》,《巴克斯泰尔,薇拉·巴克斯泰尔》,《卡车》,《塞扎雷》,
《否决之手》,《奥雷利亚》(1—3部),《阿加莎或无限的阅读》,《大西洋
人》,《罗马对话》,《林中的日日夜夜》,《孩子们》。1987年,为导演克洛
德·贝里改编《情人》——这部小说在1984年获得龚古尔文学奖;而由
小说改编的电影更是大获成功,令杜拉斯的作品风靡全球。

杜拉斯的电影一度受到指责。因为她的电影越来越不像电影,只是
"文本在动"。有时候她是如此得意于一个句子,比如女人说,从这里到
河边都是沙塔拉。男人接着说,河那边还是沙塔拉。

对于杜拉斯,句子是重要的,语义是重要的。画面和声音完全成为
语义的奴仆,为了语义的完美不惜支离破碎。她的人物通常并不承担情
节的运行,而仅仅是在一种抽象环境中旁观记忆的运行。比如像这样不
支持任何神态或动作的说明:"我们向着什么东西走去。即使什么事也
没有发生,我们还是朝着某个目标走去。"人物的对话随即服从这种抽
象需要,一个人说:"什么目标?"另一个说:"我不知道。我仅知道一些关
于生命的不动性。所以当这种不动性破碎时,我就知道了。"

在这样的电影里,视觉和听觉元素并不服从于意义的需要,而是服从
于一种气氛,一种抒情性。由于对诗意的强调,她把《在荒芜的加尔各答她
名叫威尼斯》视为自己"最重要的电影作品"。杜拉斯在有意抵抗电影对想
象与诗意的限制,她给了语言本身最大程度的纵容,她允许画外音随意介
入情节,大量的,反客为主的。后来,杜拉斯干脆让自己的声音直接出现,而
且是以电影制作者的身份出现。在《卡车》里,她和德博迪约的对话从头至
尾,贯穿每一个情节,或者不如说,情节在为他们的对话提供佐证。更多的
"画面"是在暗室中,屏幕是全黑的,除了字幕,什么都没有。

省级公路。麦地。
没有念白。

1974 年,在戛纳电影节

1982 年,在阿比亚别墅拍摄《罗马对话》

远处看到卡车,卡车穿过银幕。

音乐。

暗室。

杜拉斯:我看到他们关在驾驶室内,仿佛受到车外光线的威胁。(停顿)这种光线叫他们害怕,我的印象是您和我也像受到它的威胁,担心一道光突然汹涌地闯进驾驶室,闯进暗室……忧虑灾难,这才是政治的智慧。

静默。

德博迪约:活动分子,是从不怀疑的人。

杜拉斯:是这样。奋起要实现各种琐碎的要求——都是改善命运的物质要求。

德博迪约:物质要求……

杜拉斯:是的……住房改善……交通方便……度假费用低廉,这是奋斗的主要目的。

德博迪约:他会这样说吗?

杜拉斯:那名司机? 他没有。他可能认为这没必要说。整个时间差不多都是女的一个人在说话。

德博迪约:他看她了吗?

杜拉斯:没有。他什么也没看。……

这种方式此后被杜拉斯使用到了登峰造极的程度,以至于她的电影被称为"电影书"。杜拉斯对电影的迷恋不在于电影本身,而在于文字以影像的方式所获得的表达效果。她迷恋的是这样一种能够调动全部的感官呼应、生动得多的、活的表达方式。另一方面,这也是一种因呼应强烈而令人感觉更温暖的表达方式。杜拉斯说,电影给了她家庭的感觉,而写作没有。写作的寂寞到了一定的程度,没有人能够承受。到了老年,杜拉斯眷恋于扬·安德烈亚的陪伴,就把写化为了"说"。她对他"说"出那些句子, 他把她说的一切敲在纸上。说出的句子也如黑屏上的字幕,它们在表达现场就能够遇到呼应——哪怕是一个人,哪怕是那个不言不语、安于转述的情人。

归根结底,杜拉斯什么都不迷恋,她需要的只是不断地打开自我。电影还是文字,都不重要,重要的是,她可以透过与自己更亲和的一切,展示这个"万人景仰的杜拉斯"。

六 书写与不朽:"那个贯穿在多少世纪中的我自己。"

1988 年,七十四岁的杜拉斯接受吕斯·佩罗访问。谈及年龄,杜拉斯说,她曾经对最亲密的女友说过:"真奇怪,你考虑年龄,我从来不想它。年龄不重要。"

这可不是一句场面话。杜拉斯直到八十岁还在盛开,她有理由无视岁月的腐蚀。我说的不是她终年的爱情,不是。我说的是,直到生命的尽头,杜拉斯依然拥有她一生珍视的所有的东西,那也是杜拉斯活力的源头活水:写作,政治,友谊,电影与酒。

首先是写作。当然,没有写作就没有杜拉斯。写作令杜拉斯起死回生,是她精神意义上的母亲。写作也耗尽了杜拉斯的能量,成为她甘愿趋附的死神。

在相当长的时间内,杜拉斯并没有从写作中得到过相称的回报。相反,从头至尾,杜拉斯每有作品出版,都会招致匪夷所思的指责和攻击。

开始杜拉斯是谦虚的,她像个小孩似的渴望别人的认同和赞美,唯恐谁说她写得不好。在圣伯努瓦街五号,她不时会对朋友们朗读自己的

晚年杜拉斯饱经沧桑的面容

作品,请他们给出意见。她尤其看重罗伯特和迪奥尼斯的批评。从首部出版的《无耻之徒》到第二部、第三部,到《塔基尼亚的小马》,她把每一部作品的手稿拿给罗伯特和迪奥尼斯过目。他们给她认真的批评。罗伯特支持得更多,而迪奥尼斯一直持尖刻的批评态度。每有批评,杜拉斯都会进行认真的修改,一遍又一遍。

这习惯一直延续到杜拉斯闻名西欧。《街心花园》完成之后,她依旧拿给迪奥尼斯看。后者不大恭敬地问道:"您这阶段在读海明威吧?"

这种尖刻里面含有的先入为主和失敬,杜拉斯感觉到了。她决意不再听从:"这一天会到来的,我会用一句富有决定意义的话回答迪奥尼斯……是的,我相信迪奥尼斯具有决定意义的话,但那只是关于迪奥尼斯的具有决定意义的话,而不是关于我的。"

许多人对杜拉斯的自信表示不满。他们说,杜拉斯成名之后不再听得进批评。他们说,杜拉斯越来越自恋,她只谈自己,而且总是用第三人称谈自己。

我却一直暗暗欣赏这种放肆。这个人写了几十年,方向清楚,风格独具,她有资格相信自己甚于相信别人。

杜拉斯坚信自己是一位作家,不是被庸俗批评所矮化的"女作家"、"女文人"。她相信自己的话语,通过它她能够触及另一种事实,常人无法形容的事实。

越来越多的人不得不承认杜拉斯所具有的天赋。她洞察并消化生命经验的能力,赋予她的语言一种强盛的暴力。一位评论家几乎是无奈地说:"非常美,非常有力,非常惊人,玛格丽特·杜拉斯的天赋显示在她的雄浑有力上;我们真的很难理解,一个女人竟然能有这样粗野,这样无耻,这样不容分辩的笔触。"

在激情澎湃的生活中杜拉斯发明了一种识别度很高的写作方式——在一种叙述中无限接近内在的影子,无限逼近自我的真实,在写作中穷尽貌似无法言喻的精神真相。过度的、神经质的爱(母爱或者爱情),抵达极限的自我怀疑,绝望,摧枯拉朽的速度和变化,这种耀眼而不可复制的杜拉斯格调,贯穿了所有的文本。

在达到某种极限之后,一个具有颠覆性的问题开始困扰杜拉斯:为什么要写作?

在写作中自问写作本身的功能和目的,会令人崩溃。

为什么我们要冒这样的险?因为写作者无可选择。写作者有如弥赛亚,由于被选择,而不得不服从某种使命。输出和创造成为一种内在的压力。杜拉斯说,如果我不写作,我就会是个妓女。而她的情人扬则说,杜拉斯感受得太多,要说的太多,如果不写作,她很快就会变成疯子。

因而,杜拉斯的写作经常陷入无法自制的状态。她忘了自己在生活,她的生活和她自己都成了文字的燃料。这样的状态不仅抽尽了杜拉斯的时间与精力,也无可救药地影响到她的神智。她觉得,由于写作,自己进入不了"真正的生活",而是在那种生活旁边度日,她的物质生存被写作溶解掉了:"我越写,我就越不存在。"甚至于,自我也被写作溶解掉了:"我很清楚我写作,但我不是很清楚谁在写作。"于是,她只好"把真实当神话来过",在痴与醉的边缘,在幻想中安置她的生活。

这使杜拉斯的文字里有了奇异的距离感,一种异乡感、隔世感。即使在写切近的事,一旦被阅读,它们也会显得遥远、陈旧、虚无,不仅有浩漫的空间距离,也有无法打通的时间隔断。在刻度很深的表达中,杜拉斯已经难以把实在的自我与传奇的自我区分开来,自我在她那里成为一种标本和隐喻,成为实体已被消解的影子:

> 我写女人只是为了写我自己,写那个贯穿在多少世纪中的我自己。

孤独与空无,在生命最初的窘迫和压抑里萌生、扎根,之后,随着最初的生命经验被不断地反刍,竟成为越来越接近本质的存在。于是被她一直反复书写的孤独与空无,也成为一种被激赏的生命态度,成为一种率真与妥协:"饮酒使孤独发出声响……醉酒于是用来承受世界的虚空,承受星辰在太空不可思议的移动与平衡,承受我们默无声息的痛苦、挣扎与冷漠。"(《物质生活》)阅读杜拉斯,我常常从那种绝对的孤独中感到某种诡异的力。

理性地承受空无不是一件容易的事,世界的虚空击垮了许多人。但是,杜拉斯不会倒毙,因为她从不闭关自守。孤独与自闭是不同的,骄傲与自命清高也是不同的。有人的世界门窗紧闭,有人的世界门窗洞开,而杜拉斯的世界没有门。杜拉斯的孤独不是隔绝与死寂,而是独步荒野的坦然。

在某些地域,很久以来,杜拉斯被微缩、被降低了,她成了女性写作、情爱写作、身体写作的代表。一个作家因女性身份和写作题材招致误解,是普遍现象。在浅阅读环境里,这种误解尤其严重。事实上,杜拉斯是个不折不扣的介入型作家，一生都对贫弱群体的命运抱有深度关切，很少撇开政治立场去书写。

当资本体制和交易原则把人们引向了拜金狂热，进而引向了极端功利的时候，"诗意地栖居"似乎成了另一种意义上的乌托邦。放弃抒情人生，也许应该成为新时代的标志之一。

但是杜拉斯一直没有投降。没有对资本秩序投降，也没有对自我的虚空投降。在租居五十四年的圣伯努瓦路公寓，杜拉斯创造了一种浪漫、自由、充满家园氛围的集体生活。

在相当长的一个时期内，杜拉斯位于圣伯努瓦路五号的公寓成为一个不明示的政治据点，一些左派知识分子的集聚地。这所公寓附近分布着不少诸如萨特—波伏娃团体的知识分子部落。地下抵抗时期，杜拉斯的寓所以杜拉斯、罗伯特·昂泰尔姆、迪奥尼斯·马斯克罗为核心，出现过许多文学界、知识界和电影界的著名人物，也出现过后来的法国总统密特朗，以及乔基斯·巴塔耶、杰奎斯·塔蒂、米肖、布朗肖等难以把握的人物。

到了晚年，杜拉斯又凭借电影，在特鲁维尔，在她那所面向大海的黑岩公寓，缔造了一个激情澎湃、紧密团结的岸派电影人集体。

在这样的集体之内，杜拉斯以她的博识、健谈与风趣成为核心，成为谈话与争论的主导。在群体之外，杜拉斯和她的集体则因为富有影响力的政治活动和独树一帜的作品，有着恒星般的光芒和引力。杜拉斯这个名字成为许多人心目中关于友谊的记忆，带着一种家园般的温暖。从中年到晚年，她的四周一直聚集着狂热的读者、写作者、左派政治同道和怀抱梦想的电影人。

活着，强烈地活着，以人类的尊严和慈悲活着。杜拉斯活着，很激烈，很丰满，很盛大；杜拉斯去了，她的文字留下来，依然天真，青春，毫无矫饰。从这里，人们或可看到那个潜伏已久的自己——原来我也这样爱，这

在特鲁维尔黑岩沙滩

样昂扬,热衷于诱惑与抛弃,热衷于开掘身心之内潜在的能量,时而欢乐没顶,时而悲痛欲绝。原来,杜拉斯就是我,我就是杜拉斯。

世间的悲喜并无不同,只是,杜拉斯把一切淋漓尽致地写下了。

如果我们承认人类本性的共通性,那么,任何一个人的自我经验,也自然构成人类经验;深刻的自我经验往往正是人类经验的写照。丹纳说,文学作品的价值等级,相当于它所反映的人类精神生活的等级。我们也可以说,人类个体具有的价值,也基本取决于其生命活动所体现的人类生活的普世价值。

苏珊·桑塔格：

Susan Sontag

隐形的洞穴

苏珊·桑塔格,美国文化评论家、小说家,西方当代最重要的女性知识分子之一。

1933 年 1 月 16 日出生于曼哈顿,十五岁进入加州柏克莱大学,一年后转入芝加哥大学。先后获得芝加哥大学学士学位和哈佛大学哲学硕士学位。1957 年赴英国牛津大学攻读博士,四个月后转赴巴黎大学。1950 年与菲利普·里夫结婚,1959 年离婚,独自抚养儿子戴维·里夫。1976 年查出乳腺癌,接受双乳全切手术,经过两年半化疗后痊愈。晚年罹患白血病,2004 年 12 月 28 日逝世。

1963 年出版首部小说《恩主》。1964 年,在《党派评论》上发表《关于坎普的札记》,受到纽约文化界瞩目。1966 年,在《党派评论》上发表的一系列论文结集出版,名为《反对阐释》,被视为美国当代文艺批评的示范文本。其后出版论著《论摄影》、《疾病的隐喻》、《在土星的标志下》、《重点所在》、《关于他人的痛苦》等,小说《死亡匣子》、《火山情人》、《在美国》等。2000 年获美国国家图书奖,2001 年获耶路撒冷国际文学奖,2003 年获德国书业和平奖。

终生致力于从个人经验和独立立场出发的现实批判,被誉为"美国公众的良心"。

Susan Sontag

对苏珊·桑塔格,无论想要说点什么都是困难的。

首先,她太耀眼,谈论她极有可能是吃力不讨好的事。比如会被质疑:你够资格吗?其次,她有一种同时潜入两种对峙立场的能力,在人们认为非此即彼的许多问题上,她善于以第三种态度去批评。要描述她,必须判断在那样一些貌似自相矛盾的言行内部,她的本意究竟是什么。

尤其是,谈及苏珊·桑塔格需要勇气。她也许属于近年来被如此广泛地引用的知识分子中极少数的、不避任何高压与危险而一贯在场的那部分人,也几乎是唯一在诸多尚未言说或无可言说的领域,为林林总总的现代文化现象作定义的人。

在欧美文化界,苏珊·桑塔格意味着"命名"。由于开口就是权威的批评品格,她被称为"曼哈顿的女预言家"、"美国文坛的黑女郎"、"坎普王后"、"偶像制造者"……被人们公认的还有她的"暴徒作风"。

我是如此被视野内与她有关的一切吸引。有很长一段时间,我习惯于在实体书店或网上书店搜索她,那种盼望苏珊·桑塔格著作最新译介的心情有些迫不及待。只要看到苏珊·桑塔格这个名字,我会毫不犹豫地拿过来——还用挑选吗?她的文字,每一篇都是经典。她的书,我会同时买两本或者更多,一本码在书架上,另一本放在各种我有可能闲着看书的地方,床头,车上,还有旅行包里——在我需要外出的时候;另外

"暴徒"苏珊·桑塔格也有着蒙娜丽莎般柔
和的眼神

的,则用来送人——在我觉得某个人读得动苏珊·桑塔格的时候。

我一直相信,书籍有如旅行,可以有效地检验人与人之间投合的程度。因而,我总是情不自禁地把一本自己喜欢的书送给朋友作为礼物,把《反对阐释》和《重点所在》送给评论家,把《论摄影》送给摄影者,把《疾病的隐喻》送给社会研究者,把《恩主》送给小说家——这是赠送,但更像是试探。

一个写作者可能产生的吸引,大约莫过于此。

一　隐形的洞穴

如果说任何一种个性都有其无可替代的来历,那么,关于苏珊·桑塔格,最容易令人想到的一个问题也许是:如此炫目的人格来自于怎样的雕刻？

童年时代的苏珊·桑塔格，与许多孩子一样有躲猫猫的习惯。只是她把躲猫猫的游戏弄到了登峰造极的境地：她在租住的房东家后院里挖了一个规整的洞穴，长宽高各六英尺，在上面搭了几块板子，只留下一个要拼命挤才能出入的洞口。那粗糙的掩体标出了危险与安全的边界，提供了一个"别处的世界"，虽然这个世界是微型的，却也足够她用来藏身。

如此清醒冷静的躲藏愿望已经不仅仅是一个孩子的游戏，而是孤独以及对周遭生活环境厌倦的结果。每当谈起童年，苏珊·桑塔格总是说，她的感觉是"没人要"、"没人疼"（戴维·里夫《死海搏击：一个儿子的回忆》）。的确，她生命意识中那种根深蒂固、挥之不去的孤独感，与一出生就开始的颠沛流离有关。苏珊·桑塔格出生前后，她的父母在中国北方经营自己的毛皮公司。母亲回到美国生下她，然后就立刻返回中国，把苏珊寄养在祖父母身边。她四岁时，父亲在中国死于结核病，母亲回到美国，带着她和妹妹生活。那是一个漫不经心的母亲，由于失去了丈夫而委靡不振、懒散、酗酒，总在担心自己容颜老去，苏珊姐妹经常被托给亲戚照管。由于苏珊的哮喘，母亲带着她们不断迁徙，从纽约到迈阿密、图森，嫁给纳特·桑塔格（苏珊由此开始用继父的姓）之后再到加利福尼亚。开始于人生之初的被离弃、被漠视与移居不定的经验，造成了深入骨髓的孤独感，以及对环境的敌意。六岁入学的时候，苏珊喜欢跟人说她是在中国出生的，因为她想把自己放到远方去，中国是她能想象的最远的地方了。这大约是对抗母亲"冷漠而阻拦的本性"（戴维说，这是母亲苏珊·桑塔格的原话）的办法。同时，中国也许还意味着父亲所在的地方。躲进洞穴的体验使她对洞穴具有的隐喻性没齿难忘。洞穴的意象不时出现在她的作品里，乃至多年之后，在她的第二部剧本《卡尔兄弟》中，直接出现了两个躲进地窖的人物：一个哑巴孩子，一个成年人。

但苏珊·桑塔格很快就发现了一种比进入洞穴更自由、更完美的办法。

到远方去,或者寻找父亲,只要进入一本书,就可以。阅读给了她一个无底的洞穴,一个可以把非己之物统统排除在外的隐形的藏身之所;阅读,带给她这么多、这么完美的父母似的人物——理查德·哈利伯顿、埃德加·爱伦·坡、玛丽·居里,乔(路易莎·梅·奥尔特的《小妇人》的主人公,作家),杰克·伦敦的马丁·伊登……进而,这些也都成为榜样式的人物。七岁,在一般的孩子刚刚开始识字的年纪,她已经习惯于把一个作家的主要作品系统地读完;十三岁,她就不再对大众读物感兴趣,而开始陶醉于知识分子读物《党派评论》了。到加州居住以后,她发现了真正的书店,也陆续发现了更多令人仰视、激发人的思考激情的作家,诸如安德烈·纪德、托马斯·曼——他们就像结实而优美的盘山道,令她在不完全的自觉中,已经走到了同龄人难以企及的高处。

这种攀升体见于对精神与社会现象的感受力,也体见于一种渐渐明晰的理想:成为作家,成为思想巨人。

人生理想是一种由衷的决意,它带给人的专注和力量,也许是任何东西都不能替代的。

在选择将要就读的大学的时候,苏珊·桑塔格撇开了诸多名校,瞄准了条件艰苦、标举精通的芝加哥大学。当时的芝加哥大学校长是著名教育家罗伯特·哈钦斯,他认为大学应当成为那些在人文学科方面接受博雅训练的杰出思想家的家园。芝加哥大学为苏珊·桑塔格的人生抱负提供了力度相称的阶梯。在这里,"有着照相机般的记忆力"的苏珊·桑塔格凭着自己的学业基础,一入学就获得了选修研究生课程的资格,两年时间就拿到了学位。重要的是,她遇到了一帮思想活跃、成就卓著的导师——在任何学术问题上都苛求完美答案的理查德·麦基翁,令人激动的公共知识分子肯尼思·伯克,健谈并善于激发学生珍视伟大经典作品的内德·罗森海姆，还有博学、傲慢的社会学讲师菲利普·里夫。

芝加哥大学提供的将不同人文学科融会贯通的教育，使得她以后的研究与著述获得了常人难以企及的立足点，一种高高在上的、俯瞰的视角。因而，从一开始，她的发言就使用着一种不容置疑的权威口吻。1962年，苏珊·桑塔格在著名的《党派评论》上发表第一篇评论，关于艾萨克·巴斯维斯·辛格的小说《奴隶》，她如此开篇："典型的当代小说是'心理的'。就是说，当代小说再现的世界必定是自我或种种自我的一种投射，一种具体化，其分析构成小说的主题。"令她"一夜成名"的《关于坎普的札记》，有一个更加睥睨万物的开头："这个世界上有许多东西尚未命名，而很多东西尽管已经命名，却从来还没有被描述过。"

最能代表苏珊·桑塔格语式、1977年出版后引起轰动的《论摄影》，起笔就发出了令人无法忽略的声音。那个无比精粹的开头，以对历史所作的简洁而权威的梳理而被人反复引用："人类至今仍旧顽固地流连于柏拉图的洞穴之中，并一如既往地以其亘古不变的习惯陶醉于真理单纯的映象之中。"在这部里程碑式的杰作里，苏珊·桑塔格断言："讨论摄影不啻是讨论世界。"她指出，相机"是侵占现实之途，也是淘汰现实之路"；摄影比任何其他艺术都要更多地言说人类获取、控制世界以及对世界行使权力的欲望。由此，这本书带来了一场由摄影进而及于精神活动的张力、人类意识的本质的讨论。

她这种顺手就把某种模棱两可之物拎出来给予定义的自信与笃定，终其一生都没有改变。这当然不是仅凭胆大就可以做到的。气定神闲的知性表达，靠的是博览群书以及敏锐综合各种材料、准确捕捉问题关键的能力。

从十六岁到十八岁，在视野开阔、学术气氛自由的芝加哥大学，苏珊·桑塔格完成了至关重要的人生奠基——系统了解最权威的人文学科经典，思考力与感受力得到与天赋相称的磨炼，迅速感知并准确言说各种精神现象的习惯与能力,以及对智识生活的热情。有了这么一个巨大的坐标系,此后,苏珊·桑塔格的人生选择就变得清晰而坚决。

人生事业的进展有一种加速度效应。出名要趁早呀,张爱玲说,来得太晚的话,快乐也不那么痛快。这句话换个角度说就是,投入一种道路越早,视野打开的速度就越快。一个人在精神意义上的奠基越早、起点越高,加速度的基数就越大。

1953 年秋,苏珊·桑塔格在为她提供了一个助教职位的康涅狄格大学注册,读英语专业研究生。但她很快就发现那里提供的教育失于平庸、缺乏创见,她毫不犹豫地离开,改到哈佛听英语课,次年又放弃英语专业,注册攻读哈佛大学哲学硕士学位。有了芝加哥大学作对比,哈佛在她眼里显得庸常。所幸的是,她在哈佛遇到了一位出色的教授——雅各布·陶布斯。从他那里,苏珊·桑塔格汲取到一种使她受益终生的能力:设身处地地对待在同一问题上相对峙的观点,同时进入互为冲突的思想倾向。苏珊·桑塔格后来在《论摄影》中讨论的相反观点之间的张力——反面感受力,明显得益于这段经历的启发。这种思考习惯,使她关于精神现象的评述在主张与风格上保持了足够的张力,她犀利,但从不偏激。

清晰的方向感也同样使她轻而易举地看出牛津大学的局限。1957 年获得哈佛大学哲学硕士学位之后,苏珊·桑塔格得到美国大学妇女协会提供的奖学金,到牛津大学攻读博士学位。但是,博士论文的研究课题、牛津大学的教学方式与充斥其中的英国式的傲慢,令她觉得索然无味。她在牛津只待了四个月,就果断地离开,前往巴黎大学求学。苏珊·桑塔格"方向明确,脚步坚定,仿佛对自己需要什么早已心知肚明"(朱迪斯·格罗斯曼)。

在巴黎,苏珊·桑塔格从思想前卫、争鸣氛围浓厚、"善于在最简单的事情上找到复杂性"的法国思想界获益匪浅。她得以深入地研究萨特的存在主义哲学,研究安德烈·布勒东及其超现实主义同仁。关于作品背后的创造者——艺术家的"自己",他们接通了她曾在芝加哥进行过的讨论。这样的研究与吸收使她的评论具有了欧陆特有的复杂性:就视野而言,苏珊·桑塔格越出了文学、历史和一般文化讨论的范围,表现出立场鲜明、全面参与的理念和知无不言的精神品格;就表达方式而言,苏珊·桑塔格推崇"新感受力",打通了精英文化与大众文化之间的壁垒,建立起一种雅俗共赏的美学观。

际遇对于人格的塑造,在到了某个阶段之后,会受到越来越强烈的反作用。对于反动力强大的人,际遇提供的营养总会被迅速榨尽,它的毒素与限制则会被准确无误地剔除。

二　在创造多重自我的意义上,成为作家

成为明星似的知识分子,只是苏珊·桑塔格超拔的智识和勇气无意之间造成的。她当然喜欢声名,但声名远远小于、低于她的理想。她渴望的不是拥有某种特定的身份,而是要尝试不同的人生角色,她"真正希望的是每种生活都经历一下"。她发现,"作家的生活似乎是最具有包涵性的",成为作家意味着拥有任何一种职业所无法拥有的多重可能——创造自我,并不断地更新自我。因而,成为作家也就成为了一切。

这令我想起伊萨克·迪内森。多重生活,一度成为 20 世纪西方知识界和文艺界具有标志性的人生态度。也许,每个人心里都有类似的梦想,只不过他们实现它的方式不同,有的更多地经由自己的行动,有的则更多地经由自己的想象和虚构。

强烈的角色感令这个天生丽质、冰雪聪明的女人很早就有了"偶像"意识。这个热衷于研究戏剧、电影和摄影的人,重视也十分善于在公

众面前以完美的形式"扮演角色"。从开始登堂入室,她就在着意建立一个领风气之先的知识分子形象。在知识界与艺术界的人际交往中,她喜欢以时尚的面貌出现,"靴子,长裤,高领套衫,宽皮带,飘动的围巾"(卡米尔·帕格利亚语),这副"歹徒样子",与当时灰呢正装的女知识分子面貌截然不同。苏珊·桑塔格的书,从第一部《恩主》到最后的一本,几乎每一版的封底或护封上都有她魅力四射的照片。在媒体上出现的时候尤其如此。1966年出现在《时尚》杂志上的母子合影照,苏珊·桑塔格和年幼的戴维·里夫被拍成了时尚偶像。母子俩依偎的姿态,一模一样的乌黑的大眼睛,雕塑般的苏美尔式的凝视,令大批的读者一见倾心。卡米尔·帕格利亚不无嫉妒地说,这样的形象使苏珊·桑塔格成为"好读书的男人们的梦中情人,又是中产阶级知性女人时尚而悲伤的知己"。

1966年,苏珊·桑塔格和儿子戴维·里夫。在《时尚杂志》访谈时拍摄

这种姿态当然并不是诋毁者所说的花瓶姿态。苏珊·桑塔格是反取悦的。幼年时代曾经把玛丽·居里视为偶像的苏珊·桑塔格，像玛丽·居里一样"想去爱某种极其崇高、极其伟大的事物"，对低俗之物有着强烈的拒斥。在她昔日同窗的记忆里，学生时代的苏珊·桑塔格尽管俊俏得令人惊叹，但她习惯于大步流星地走路，表情严肃，目不斜视，不打情骂俏，不约会，与同龄人之间没有狎昵的友好。

这是一种由里及表的气质——专注于自己的目标，明澈，因而对许多人与事不屑一顾。青年成名无疑强化了自我中心的感觉，苏珊·桑塔格是傲慢的。声名鹊起之后她的傲慢并没有增强，只是作为公众人物，她的傲慢变得触目了。某个聚会上，苏珊·桑塔格曾带着两名"副官"到场，一进门就把正在抽的香烟撂在地毯上，抬脚将它踩灭。她常常毫不客气地批评对话者的乏味、愚蠢。有一次开讲座，一个听众问她与伍迪·艾伦合作《齐丽格》(电影，伍迪·艾伦导演，苏珊·桑塔格参演)的感受，苏珊·桑塔格回答："下一个问题。"另一次，也是在一个现场提问的场合，有人质疑她的新书《艾滋病及其隐喻》的道德立场，苏珊·桑塔格回答："我听不懂你在说什么。"

这使苏珊·桑塔格显得耀武扬威。王尔德夫妇拜访她的感受是："她像伊丽莎白一世。"曾把她当做英雄一样崇拜的作家爱德蒙·怀特说，苏珊·桑塔格"相当的顽梗"，"就像是一个罗马女皇一样剔着牙，等着大家取悦她"。

苏珊·桑塔格并非故作倨傲。她的智力已经在无形中构成一种威势。唯有遇到智力不对等的东西，她才会不屑一顾。事实上，为了保持作为公众人物的吸引力，她一直在先锋与时尚之间保持着兼容态度，小心翼翼地与任何可能使自己被边缘化的形象——比如过度的女权，出柜的同性恋，或者绝对的不合作——保持着距离。

苏珊·桑塔格有她的狡黠。1961 年春天，她带着自己第一部小说《恩

苏珊·桑塔格漫画像

主》去了兰登出版公司。编辑贾森·爱泼斯坦拒绝出版,但建议她去找弗雷·斯特劳斯·吉劳出版社的罗伯特·吉劳。苏珊·桑塔格见到罗伯特·吉劳的第一句话就是:"贾森·爱泼斯坦告诉我,整个纽约,你是唯一能懂我小说的编辑。"谁能对这样的开场白不加理睬呢?何况出现在面前的这个年轻女人语气笃定、毫无谄媚。罗伯特·吉劳看了小说的前八十页,就明白他的第一眼没有看错,他的确遇到了一个不可估量的大家伙。他很快给了苏珊·桑塔格一份出版合同。

尽管《恩主》并没有多大的销量,根本没有引起读者的注意,但是,出版社老板罗杰·斯特劳斯还是很快就注意到了这位作者的与众不同。从苏珊·桑塔格这里,他看到的不仅仅是一位富有才华的小说家,而是一位可能对纽约文学界乃至对公众趣味发生影响的文人。从她的第一部作品开始,罗杰·斯特劳斯就一直倍加关注、极力扶持。他几乎整体地设计了苏珊·桑塔格的创作生涯。出自她笔下的每一部作品总能如期出版;她写下并准备交给杂志的任何文字,每一个短篇、小说或者随笔,总能得到来自出版社的推荐；即使苏珊·桑塔格最无足轻重的作品，也得以译成外语在国外发行。稍后，出版社实际上已经破例成为苏珊·桑塔格的经纪人，常常通过赞助函件、召开新闻发布会、给予重要活动的出场机会等方式，来推介这位潜力巨大的作者。

作为回报，也作为最佳选择，苏珊·桑塔格成为罗杰·斯特劳斯旗下的忠实作者。她一生坚持只和弗雷·斯特劳斯·吉劳出版社合作。60年代，当普伦蒂斯－霍尔出版社的编辑格拉迪斯·卡尔向她约稿时，苏珊·桑塔格的回应相当无礼。她重申她只与弗雷·斯特劳斯·吉劳出版社合作，并带轻蔑地数落，普伦蒂斯－霍尔出版社那种"商界和新闻界"的做派令人反感，它与"严肃的书籍和思想王国"格格不入。

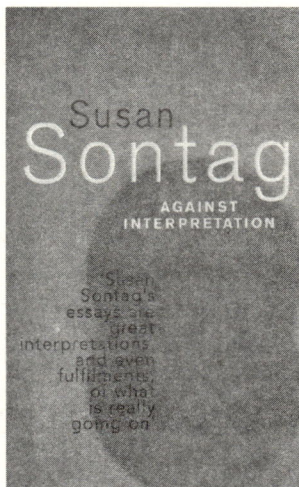

《反对阐释》书封。苏珊·桑
塔格的名字成为第一元素

"严肃的书籍和思想王国"正是对弗雷·斯特劳斯·吉劳出版社当时的出版品质的精当概括。苏珊·桑塔格为自己选择了一块最好的根据地。尤为难得的是，早在她的第一部小说《恩主》出版之际，罗杰·斯特劳斯就敏锐地预见到，苏珊·桑塔格在文学争鸣方面的才华会为她赢得更大的读者群。《恩主》出版不到两周，罗杰·斯特劳斯就建议苏珊·桑塔格准备出版下一本书，一本理论文集——这就是后来的《反对阐释》。《反对阐释》1966年出版，收入的文章写作并发表于1961年到1965年，包括苏珊·桑塔格的批评信条，对艺术家、批评家、哲学家和人类学家所作的研究，对现代戏剧、电影、坎普和事件剧的研究。这本书出版不久，就为苏珊·桑塔格带来了令人震惊的国际声誉。

苏珊·桑塔格对自己可能产生的影响力十分小心在意。她最初发言的《党派评论》，发行量一直很小，靠着微薄的资金勉强生存。但苏珊·桑塔格十分看重这个阵地。因为《党派评论》的读者数量虽少(仅有五千到一万)，却都是知识界、艺术界和学术界的读者，他们既因其稳定的阅读品格而自然具有对这份刊物的忠实，更具有与他们的数量完全不成比例的非同寻常的影响力。她估计得一点没错，那一小撮目标读者很快就认出了苏珊·桑塔格的实力。她因《党派评论》上为数不多的几篇文章受到热捧。

苏珊·桑塔格并不满意越来越被追捧的作家身份。正如她曾评论的罗马尼亚哲学家E.M.齐兰奥一样，她向往一种精神上的不松懈，不断地斩断自己的根，在形而上方面成为陌生人，向往从现实存在的热衷中解放出来，以便将生活体验为"一系列情景"。

几乎在所有的作品里，都能窥见苏珊·桑塔格寻找替身的渴望。苏珊·桑塔格的个性质地密实，绝对属于输出型的，她虚拟的人物、她论述的现实中人、与她过从甚密的朋友与合作伙伴，大多会带有一些明显的桑塔格痕迹。80年代末，通过与罗杰·斯特劳斯的出版社签订合同的方

苏珊·桑塔格处女作《恩主》1963年出版时所用的封底照片,哈利·赫斯摄影。这个形象被称为"整装待发"

式,安德鲁·怀利成为苏珊·桑塔格的经纪人,这位心气颇高的出版商在谈到苏珊·桑塔格的时候说:"如果我和苏珊·桑塔格待上一天半,这段时间结束时你看到我,你可以打赌我就成了苏珊·桑塔格。"

潜入他人的个性之中,或者反而言之,在一种情境中获得另一种个性,化为另一个人,这也是苏珊·桑塔格在她的小说里经常干的事。所以,她的每一部作品出来,哪怕"纯属虚构",也总是被"对号入座",被视为她的自传性作品。

第一部长篇小说《恩主》出版时,苏珊·桑塔格二十八岁。小说的叙述者是个六十一岁的男人希伯来特,与苏珊·桑塔格在外形上相去甚远,但是,这个处心积虑地要把自己的生活化为梦想的人,依然令她的读者不断地想起她本人。

希伯来特孤独地度过了无味的童年,后来到省城读大学,因发表了一篇引起争议的论文而主动退学,进入以安德斯太太为女主人的社交

121

沙龙。他开始做梦,在好友让·雅克的建议下,他决意把梦境搬到现实中。按照梦的指引,他勾引安德斯太太并和她私奔。安德斯太太慷慨地配合他演绎梦中角色。出于"感激",他把她转卖给一个阿拉伯商人。他客串电影演员,与一个崇拜名人的公务员谈了一场失败的恋爱。两年后,安德斯太太伤痕累累地回来了。他依照梦的暗示企图杀了她但是没有成功,于是把父亲遗赠的房子送给她用以疗养。因为安德斯太太逼婚,他只好回到家乡娶了一个女人以作抵挡。妻子不久病死,他独自生活了几年后,一个"村长"身份的安德斯太太出现,把他赶出了房子。最后,希伯来特在过去的手稿里读到自己的梦境,它们和他经历过的一切截然相反。

"恩主"的含义是双重的:安德斯太太作为沙龙女主人接纳了希伯来特,并成为他的资助人;然后,安德斯太太出现在希伯来特的梦中,使他的梦得到释放,成为他认识自我的镜像。而希伯来特则对安德斯太太"想过一种新生活"的愿望起着关键的作用:帮她选择。因为"对于人来说,最难的不是行动,而是选择",安德斯太太要过一种什么样的新生活,由希伯来特选择,她执行他的选择。希伯来特不断改写着安德斯太太的命运,创造着崭新的安德斯太太——这似乎更接近恩主的原意。

就这样,他们之间达成了一个契约。

希伯来特说,我不是在寻找梦来解析自己的生活,而是在寻找生活来解释梦。小说里先后出现了八个梦——两个房间之梦;非常派对之梦;冲破教堂屋顶之梦;老资助人之梦;钢琴课之梦;镜子之梦;演出场地之梦;木偶之梦。梦幻成为基础,成为第一性,不再是生活的幻影,而是生活的导演。情感与性爱、磨难与抵抗、出走与返回……一切都成为梦的排演。在这一场又一场由梦幻全权控制的演出里,希伯来特和安德斯太太是兴致勃勃的主角。梦与梦的主题并不一致,情节当然也不连贯,它们是一些断简残编,就像梦本身——谁遇到过情节连续、秩序井然的梦境呢？

由梦幻导演的每一出戏,都关涉苏珊·桑塔格最关心的主题——同性恋,谋杀,婚姻,爱情,性,死亡,宗教,罪恶……这些,也都被纳入希伯来特的梦境。桑塔格关心"对许许多多的真理,尤其是对现代的,所谓民主的社会里多数人以为不言而喻的真理提出质疑意味着什么",她创造了一个希伯来特,让他立足于现实之外来处置这些问题,从而颠覆某些道德概念在现实秩序中的既定内涵和原初意义。以希伯来特和安德斯太太的互助契约——实现他的梦境,更新她的生活——为前提,转卖情人之类的事,就成为希伯来特对他人的恩典,常理所谓的道德良心无从置喙。

《恩主》出版后受到异常的冷落。许多读者对《恩主》"缺少人物塑造,也缺少情节推进"的写法表示难以接受,认为苏珊·桑塔格的故事薄弱,难以完全、合适地吸收她的思想,表示看不出弗雷·斯特劳斯·吉劳出版它的理由。有人说,像这样追寻主体性的极端状态,不仅会受到大众的拒绝,而且会导致自我的摧毁。然而,在为数不多的肯定声音里,却有着如汉娜·阿伦特这样的重量级批评家。汉娜·阿伦特注意到,苏珊·桑塔格的故事是"从梦与思想中提炼出来的"。

应当说,这些否定与肯定都很准确地指出了小说最为触目的特征。苏珊·桑塔格不关心故事,她关心的是"问题"。所以,故事被她毫不吝惜地撕成碎片,成为问题的依据和例证。严格地说,希伯来特也不是寻常叙事作品中的具体、有个性的人,而是抽象意义的人,是一种观念性的存在。无论是对"自由的本质"的追逐,还是对写作本身的质疑,希伯来特都不啻是苏珊·桑塔格的替身,他一直在说着苏珊·桑塔格的话。小说结尾,希伯来特发现了自己早年的笔记。任何读过苏珊·桑塔格的人一眼就能看出,这正是她本人一贯的思考和言语模式:

现在我明白了意志的奥秘所在。痛苦不就是意志被挫败了吗？

尚有未命名的情感，我把它们命名为 X、Y、Z。

因此，2003 年，在《恩主》再版的前言里，苏珊·桑塔格说，这部小说乍看起来缺乏自传性，但它"实际上讲述的倒是一个很具个人色彩的故事"，时隔数年，她从这部小说中"依然能认出自己来"。

在观念层面"自我创造"式的写作，在《死亡匣子》中变本加厉。叙述者迪迪像希伯来特一样住在自己的梦里，书中发生的所有事件都是迪迪弥留之际的幻觉。迪迪是个失败的小说家，他关于毛孩的手稿遗失了，但是在梦里，他又找回了这个故事——多毛的"我"得知自己是猿猴

苏珊·桑塔格的儿子戴维·里夫

124

的后代之后,逃离人类社会但又渴望回来。这个梦中梦是一种把生活推倒重来的企图。第二次生活,迪迪想,他会理顺一切。迪迪渴望从问题的重围中脱身而出,获得一个持久的"安静之所",安坐其中,克己苦行,"消除闪光的痛苦"。这个"别处的世界",正是苏珊·桑塔格自幼渴望的"洞穴"。但是生活没有重来的机会,这就是我们共同的悲剧。

苏珊·桑塔格甚至把自己投射到每一部论著之中。不管论述什么人,她都会在无意中剔除受论者与她不同的层面,紧扣那些与她的感受力相应的的特征。她论及的某个人身上被着意强调的特征、观念和立场,也是她本人的特征、观念和立场。受论者往往成为苏珊·桑塔格某个侧面的翻版。因而,述评本雅明、罗兰·巴特等人的论文集《在土星的标志下》被戴维·里夫视为"伪装起来的自传"。

苏珊·桑塔格论及本雅明时说:"我们不能通过生活来阐释作品,但可以通过作品来阐释生活。"关于本雅明,她关注的是他的自控力,他喜欢隐喻现实的习惯,他抛开家庭以免消耗意志的做法,他对随笔这一写作形式(适合心思专注、没有耐力的写作者)的偏爱——这些,也正是苏珊·桑塔格的喜好与选择。尤其是本雅明的多重立场,那简直就是苏珊·桑塔格本人:"一种立场更正另一种,这些立场他全需要。"

苏珊·桑塔格所推崇的罗兰·巴特,是另一位以随笔作为标志性写作样式的作家。罗兰·巴特同样排斥"被普遍接受的观念",他认为观念是多重的,"一种观念总是会与另一种观念发生冲突"。他与她依然如此相像——对于知识与思想都怀有比别的事物更为由衷的热情,都处于思想与现实的悖论之中,都为资本社会中独立的精神生活辩护,都对资本以利益选择的方式淘汰自由知识分子而深感不安。

尽管苏珊·桑塔格声称她写作是为了被吸收进文学主体中去而不是要自我表达,她的作品还是越来越逼近她自己。她坦承她有个适合于公共场合的假面,而事实上,与有些作家(比如博尔赫斯)不同,她不愿与自身保持一种具有讽刺意义的距离。她坦言:"这个作家是我……这里只有一个人。"

那么,这个人究竟是谁? 在自传性作品《单一性》里,苏珊·桑塔格说:"我感觉我的生命总是处于变换之中……我非常喜欢重新开始。"这是一个真人版的希伯来特、安德斯太太或者迪迪,她要一遍又一遍地设定,一遍又一遍地活,每一遍都是崭新的、绝无重复的。

把人生分成段落、活出不同样式的渴望,在《火山情人》(她最后的小说,也是她最满意的)里得到了更为淋漓的表现。在这部涉及艺术、历史、政治,关于荣誉和命运的罗曼史中,苏珊·桑塔格塑造的每个人本来都是历史上的真实人物,但他们却都被改写了,就像不同身份的苏珊·桑塔格,他们是一个人,也是不同的人,联结他们的是英雄主义激情、高贵感,和对一切美的渴望:

它们联结热爱同样物品的人。(但是,没有人爱我爱的东西;这么说就够了。)它们将没有同样狂热爱好的人分离。(天哪,差不多每人都被分离。)

因此,我尽量不谈我最感兴趣的东西。我谈你感兴趣的东西。

但这也时常提醒我哪些是我无法与你分享的东西。

哦,听着,你难道不明白,你难道不明白这样有多美吗?

苏珊·桑塔格承认:"他们都是真实存在过的人。但我把我自己的一些成分赋予他们每个人,由此将他们重新塑造。"已经不能说这是自我表达。这分明是一个自我向多个自我的投奔,一种人生向多重人生的投奔。

噢,你难道不明白,你难道不明白这样有多美吗——

我们想象与捏造,把自己从人生的僵化里,一次又一次地,救走。

三 当女人爱上女人

芝加哥大学不仅给了苏珊·桑塔格终生受益的智识基础和开阔眼界,还带给她一个重要的男人——菲利普·里夫。

当时,苏珊·桑塔格在芝加哥大学读本科。但由于学业成绩超拔,已经有资格选修研究生课程。菲利普·里夫是芝加哥大学的社会学讲师,他不算魁梧,但神情肃穆,举止优雅,有一种令人敬畏的绅士气派。他精通文学,执教一门以卡夫卡为中心的社会理论课程。菲利普·里夫以深奥和晦涩著名,对不懂装懂的学生一点也不宽容,因此令许多研究生望而却步。他扬言,全世界只有十七个人看得懂他的著作。但他的博学、深

苏珊·桑塔格的丈夫菲利普·里夫

127

刻与纵横捭阖的课堂讲授，却吸引了那些性格坚韧、抱负远大的学生。苏珊·桑塔格正是这少数追随者中的一个。

　　课程规定严格、逼着学生刻苦用功的芝加哥大学并不强调出勤率，学生可以选择到不同班级去自由听课。因而，只要听到哪个教授讲得出色，苏珊·桑塔格就会去听，有时候同样内容的课程她会选择听不同的教授讲解。

　　就这样，1950 年 12 月的一个上午，苏珊·桑塔格慕名来到了菲利普·里夫的课堂。她迟到了，只好在众目睽睽之下穿过教室，朝唯一的一个空位走过去。

　　如果不是迟到，菲利普·里夫会不会注意到她？也许不会，他一向目中无人。这真是一次命中注定的迟到。他正在讲课，一个小女孩横穿课堂，她衣着传统，不施粉黛，大步流星地从他面前走过，表情中有着与她的年龄和身份极不相称的冷峻。这个情景对菲利普·里夫的傲慢颇有颠覆力。

　　下课了，苏珊·桑塔格最后一个离开。从不跟学生多话的菲利普·里夫拦在门口，在她经过时，他一把拽住她的胳膊，直截了当地说："告诉我你的名字。"

　　苏珊·桑塔格慌了。她久闻他的刻薄，心想糟了，看来他要追究她的迟到。她于是开始道歉，说自己并没有选修这门课的学分，她只是来旁听的。

　　菲利普·里夫神色严峻地纠正："不，我没有问别的，我问的是你叫什么名字。"

　　"苏珊·桑塔格。"她回答。

　　"那么，你愿意和我一起吃午饭吗？"菲利普·里夫紧接着问。

　　那一天，苏珊·桑塔格与令人生畏的社会学讲师菲利普·里夫共进午餐。

　　在菲利普·里夫的课堂上苏珊·桑塔格很神秘。与其他学生不同，她极少发言;一旦发言,总是语惊四座。这个不苟言笑、神情凝重的女孩身上集中了两种截然相反的气质,既谨慎,又骁勇,看上去,她就像一个高贵的野蛮人。

菲利普·里夫第一次产生了独占一个人的渴望。这位著名的讲师向他的学生求婚了,他的求婚简直等于逼婚:"我以我们俩孩子们的名义,向你求婚。"

在他们认识十天后,她成了他的妻子。当时,他二十八岁,她十七岁。

十七岁的小女孩当时觉得菲利普·里夫的求婚很诱人,并不理解这传统的求婚仪式全部的含义。菲利普·里夫对家庭结构的期望完全符合20世纪50年代的传统——妻子成为丈夫的辅助,改用他的姓,和他生育一堆孩子。他认为婚姻本身就是传统的一部分,两个人结婚就意味着共同建立一个传统的家庭。

苏珊·桑塔格还太小,起初,她喜欢他们相处的方式。她觉得他是第一个真正跟她对话的人,对她说话,听她说话,只对彼此、对这个人而非人群,对这个人而非别人,一个和另一个的完整对应,完整的理解与激发。她对婚姻和家庭的理解是想当然的,她想要一个合她心意的家庭。对她而言,婚姻只是全部生活的一个角落。她想同时拥有自由:去尝试不同的生活,不断发展和改变自我,在全世界来往穿梭,走遍这个世界上最引人注目的知识分子会聚之地。这些在菲利普·里夫眼里,根本就是"反家庭"。

存在于两个人个性中的不一致很快就被感觉到了。这是趋向性的不一致,在他的极端保守和她的自由观念之间,基本上没有调和的可能。十八岁生日刚过,苏珊·桑塔格第一次读到乔治·艾略特的小说《米德尔马契》,读到最后她突然啜泣起来,因为,那隐形的、被年幼无知和冲动掩藏的裂隙,令她不快却未曾明确意识到的裂隙,这时候借助于艾略特的故事,终于现形了。她意识到,她正是那个多萝西娅,不幸的是,就在几个月前,她懵懵懂懂地,嫁给了一位名叫卡苏彭的人。

但是这个错误,年幼的苏珊·桑塔格还没有力量去纠正。他们依然在一起,直到1959年。这期间,他们合作的成果中至少有两项不可忽视,一个是他们的儿子戴维·里夫,另一个是菲利普·里夫的著名论著《弗洛伊德:道德家的心灵》。虽然她一直没有改用他的姓,但他还是在这本书的鸣谢里自作主张地称她为"我妻子——苏珊·里夫"。

决裂发生在1958年。这一年,苏珊·桑塔格和故友哈丽雅特·索姆斯恢复了联系。她们相识于1949年在芝加哥大学就读时期,苏珊·桑塔格的冷静和照相机般的记忆力,哈丽雅特的俊俏和号召力,给彼此留下了深刻的印象。

重逢的时候,苏珊·桑塔格已经来到巴黎大学就读,哈丽雅特·索姆斯则已是巴黎《先驱论坛报》的记者。

时隔十年,苏珊·桑塔格仿佛才真正明白了当年哈丽雅特寄望于她的是一种什么性质的情意,才注意到哈丽雅特那种引人注目的美。哈丽雅特的端庄与自信、富有蛊惑力的声音,哈丽雅特对她的欣赏与理解,这时候对于苏珊·桑塔格的意义,似乎与十年前不一样了。这是一场迟到的相爱。她们结伴周游了欧洲。

哈丽雅特把苏珊·桑塔格介绍给自己所有的朋友,包括著名小说家阿尔弗雷德·切斯特。苏珊·桑塔格接触并迅速切入了巴黎第一流的人文社交圈——一个由作家、思想家、电影人组成,影响力及于文艺、学术、社会、政治等诸多领域的著名团体。

相对而言,她的婚姻,显然过于僵化了。她结束一段关系的方式是典型的美国女人的方式,开门见山,直奔目的,不大顾惜男人的感受,而且理所当然。1959年年初,苏珊·桑塔格回到美国,就在菲利普·里夫接她回家的车上,苏珊·桑塔格提出离婚。此后很久,菲利普·里夫都没有从这个打击中恢复。有感于婚姻的局限与束缚,苏珊·桑塔格终生没有再结婚。基于自己的独立原则,苏珊·桑塔格也一直没有接受菲利普·里夫的孩子抚养费和离婚赡养费,虽然这是加州财产法赋予的妇女权利,虽然她需要拼命工作来抚养戴维。

1959年2月,哈丽雅特和阿尔弗雷德·切斯特也来到纽约。就在为哈丽雅特所设的接风晚宴上,苏珊·桑塔格遇到了她生命中最重要的一个女人——玛丽亚·艾琳·福恩斯。福恩斯是一位有才华的古巴裔剧作家,1958年之前也曾在巴黎生活过一段时间,并在那里成为哈丽雅特和切斯特的好友。

福恩斯"既纤巧又随性"(桑塔格语)的俏皮风度令苏珊·桑塔格一见倾心。更深地吸引苏珊·桑塔格的是福恩斯的才华和性感,还有她身上那种和自己息息相通的戏剧性——或者不如说,是戏剧般的变幻、诗意、内在的热情和无穷的可塑性。福恩斯对女人的感觉非同寻常。也许她从未遇见过气势如此盛大、头脑如此明澈的女人,苏珊·桑塔格的个性令她迷恋到不能自拔的程度。虽然不可能有法律意义上的婚姻关系,但她们的相伴一度成为朋友们眼里的"婚姻"。苏珊·桑塔格感到欣慰——与福恩斯在一起的时光浪漫而安宁,令她享受到了踏实的"婚姻"生活。

然而,这过度密切的相伴也和大多数婚姻一样,渐渐露出它的破绽。婚姻或者相伴,再美好,再缠绵,对于苏珊·桑塔格而言,依然仅仅是一个角落。而且,她不愿听任这样的恋情过度渗入她的生活,更不允许它渗入她的公共生活,因为,出柜的同性恋身份,将会有损于她正在博得的社会名望。倾情而爱的艾琳·福恩斯感到被冷落和被轻视,感到她正沉溺其中的情感是对自己的羞辱。苏珊·桑塔格的注意力很少放在她这里,这令她沮丧和失望,有种被弃的感觉。1963年年初,苏珊·桑塔格的第一部长篇小说《恩主》出版,她把它题献给玛丽亚·艾琳·福恩斯,但

苏珊·桑塔格共同生活了四年的女友、剧
作家玛丽亚·艾琳·福恩斯

是,这时候她们的关系已经出现了严重的裂痕。1963 年 2 月,福恩斯搬
出了与苏珊·桑塔格同居的住所。4 月,她们彻底分手。

这次分离对福恩斯的打击更严重,还是对苏珊·桑塔格的打击更严
重,实在是难以权衡。对苏珊·桑塔格而言,因为真的爱,所以,分离才成
为必然的事,成为不得不承受的生命撕裂——爱或者梦想,而不是爱与
梦想。她最爱的东西往往不相兼容,她要其中之一,就不得不失去另一
种。多年以后,当苏珊·桑塔格罹患癌症,她在解释自己的病因时,还不
能不承认,与福恩斯的感情失败造成的悲伤和遗憾,在怎样的程度上毁
坏了她的健康。

艾琳·福恩斯从她的生活中带走了什么难以重获的宝藏?

与艾琳·福恩斯相爱四年分手之后,苏珊·桑塔格有过为数不少的求
爱者与男女情人,其中有约瑟夫·蔡金(演员兼导演,《激进意志的样式》的
题献对象)、妮可尔·斯特凡娜(著名演员兼制片人)、露辛达·蔡尔兹(舞蹈

家)、摄影师安妮·莱博维茨……但她对情感变得小心翼翼，再也不愿意和任何情人进入同居关系，也没有和任何人建立如与福恩斯一样的共同生活。苏珊·桑塔格曾写信给约瑟夫·蔡金说，福恩斯离开之后她一直处在忐忑不安的状态，情绪上有种挥之不去的"悲痛、焦虑和呆滞"，为了消除这种糟糕的感觉，她不得不始终保持几分"权威的样子"。

苏珊·桑塔格与艾琳·福恩斯在一起的时候，保持的是一种稳定的若即若离——她随时可以享受到与人为伴的生活，又可以随时离开，满世界地行走。与福恩斯那种稳定踏实又保持距离的生活类似于婚姻，但又不等于婚姻。没有任何人值得苏珊·桑塔格为之永远待在家里。虽然那种相处令福恩斯感到缺乏爱意，但苏珊·桑塔格似乎由此获得了一种有助于自己变得完整的东西，一种真正的相互性——灵魂补缺的体验其实要求另一个人兼有爱意、理解与被动，这一点，在福恩斯之后，她似乎再没有遇见过。

女人携带着更多的疑问和愤怒。当一个女人爱上另一个女人，它们之间会发生比男女相爱更复杂也更含混的问题。对于这些，可以对许多暧昧之物下判语的苏珊·桑塔格也不能廓清。若干年后，在苏珊·桑塔格写下的一系列短篇小说里出现了《心问》。《心问》的情节被这样六个问题切成段落，她负责回答，情节负责作证：

有什么不对劲？（她的回答是：每一次都是剧烈的痛苦。……人越多，就有越多的声音被淹没。）

人们在努力做什么？（回答是——我们周围的人，就我所见而言，都力求过平淡的生活。但这要付出巨大的努力。一般看来较为可靠的平淡，也求之不易，远不如从前。）

133

是什么令我们获得解脱、抚慰和帮助？（这一次，她的答案很多：分享别人的记忆。说"不"——拒绝。一生不变的情感。幽默感，妄想症，逃离，以及无愧于自己的性取向，还有跳舞。她说："有时情感整个地发生变化，也有帮助，就像把你的血液抽出来，换上新的一样。你变成另外一个人。但这不是魔法的作用。给人带来幸福的变性术，道德上不存在对等物。"）

是什么让我们烦恼？（——当我发现人人都疯狂。当我心悸不安。当我体会到人人都如此绝望。当我发现在我心灵深处，不愿再倾听人们的痛苦。当我不知如何运用我确实拥有的能量。当我无法改变生活。……）

我们的前景？（——我们的前景在随机重复。）

我们究竟在做什么？（——我想拯救我的灵魂，那孱弱之风。……我是西西弗斯。我仅仅托住我的石头，你不必缠住我。）

女人与女人相爱，会爱得更缠绕、更揪心。无论是苏珊·桑塔格，还是庸常的我们，在一种爱里寻找认同，都是艰难的事。我们唯一可做的，就是明知道石头会滚落，还是竭力托住它。

四　言说，令暧昧之物显影

得益于阅读与观察，也许还得益于早年的孤独与冥想，苏珊·桑塔格对一切现象中潜伏的心理与社会元素都有极其罕见的敏感。很早，苏珊·桑塔格就具备了对精神现象的敏锐的捕捉与概括能力。尽管苏珊·

桑塔格更希望自己创作出成功的小说，但是令她声名大噪的却是评论。从公开发表第一篇评论起，她就俨然是一个毋庸置疑的裁判。与传统批评以及当时的新批评家不同，苏珊·桑塔格很少以整篇文章来就事论事地讨论文艺作品，她关注的永远是呈现出某种势头或规律的文艺或社会现象，她喜欢对潜隐其中的文学潮流和文化潮流进行全景式的浏览，因而，她的评论就从根性上带有了预言和权威的口吻。

令苏珊·桑塔格一夜成名的《关于坎普的札记》，正是得益于卓越的发现与概括力。

"坎普"是一个涵义被争论不休，因而一言难尽的词语。在巴黎，苏珊·桑塔格受到切斯特指引，注意到奥斯卡·王尔德带给艺术家生活的一种公众风格——呼吁自我关注并关注公众的角色观。王尔德既是作家，同时又以同性恋作家的身份在公众视野里塑造角色。起初这种角色是影影绰绰的，但是后来，王尔德使这个角色清晰化了。王尔德冒险自曝同性恋身份之后随即身败名裂。当时，描写王尔德的最常见的词语就是"坎普"。因而，在《关于坎普的札记》的前言中，苏珊·桑塔格冠以这样的题献："以下是就奥斯卡·王尔德的言论所作的札记。"

与此前所有的观点不同，苏珊·桑塔格指出，王尔德并不意味着坎普。她认为，作为与艺术家及同性恋有关的概念，坎普是一种既露且藏的表演，它意味着某种模棱两可的角色，这个角色是作态还是认真，观众不清楚。只要王尔德对自己的同性恋身份不明示而任由观众猜度，只要他似乎在伪装，那么，他就是坎普。

苏珊·桑塔格注意到，坎普感受力体见于这样一些经典事物，比如蒂法尼灯罩、《天鹅湖》、《金刚》。作为一种特别的感受力，它借由"趣味的逻辑"发挥作用而非由理性掌控，几乎是不可界定的东西。因此，讨论坎普的苏珊·桑塔格，使用的也是类坎普的语气："我受到坎普的强烈吸引，但几乎同样强烈地对它反感。""为反感所冲淡的深深的同情"不啻

135

一种逗引,她机巧地避开了明晰,使文本自身保持了得体的张力。"强烈吸引"苏珊·桑塔格的,首先是坎普对感官、肌理而非内容、题材的关注,这与她正在思考酝酿的观念不谋而合:艺术本身不是模仿,不是对世界的拷贝,而是艺术家主体性的流露,是一种自我创造的神迹。

苏珊·桑塔格的卓越在于,她在精英文化与大众文化之间找到了连接点。她的论述涉及的范围之宽,尤其是对未被言说之物的关注与断定,令人在范例的层面上真正感到了思想疆域的浩荡——经她一说,人们发现,原来严肃认真的态度可以无处不在,即使是关涉坎普。

苏珊·桑塔格另一部令人震惊的著作,是《论摄影》。

她在向瓦尔特·本雅明和约翰·伯格致敬的同时,也理所当然地宣告,关于摄影,从来没有人像她这样从思想家的角度来思考,因为思想家的思考应当从一个消费者而非实践者(即摄影师)的角度来讨论摄影。这个如此重要却从未被论者注意的角度,一下子就把她的讨论从诸多的摄影论述中区别开来。从未被注意的还有摄影的隐喻性、叙述力、不可替代性与表达缺憾。她说,没有任何一种其他的艺术形式,能够比摄影更多地言说人类获取与控制的权力欲望。

这使关于摄影的讨论牵带起景深丰富的社会与文化话题:《在柏拉图的洞穴里》讨论摄影所提供的新的视觉准则对于传统艺术观的颠覆,以及摄影日渐成为一种美学消费主义的实质;《透过照片看美国,昏暗地》讨论作为艺术的摄影对于美国的有别于传统艺术形式的"另一种"表述——反美化、反理想化的表述;《忧伤的物件》讨论摄影以超现实主义方式对历史所作的简化与异化;《视域的英雄主义》讨论摄影对习惯性观看的突破,对现实世界的美化和裁切;《摄影信条》讨论摄影以什么途径获得艺术性;《影像世界》则讨论关于摄影与现实的观念在历史和地域上的变化。

这部经过五年才陆续写成的著作以其广阔的覆盖面、极具独创性的观点与比比皆是的格言般的断语,被视为具有"碑文式文风"和里程碑意义的作品,也成为一部被频频引用的摄影批评经典。

对于文化特征的敏感与关注也体见于她的情节类作品的创作。

苏珊·桑塔格的小说、电影或戏剧,无一例外地带有普遍性和讽喻性,它们总是从文化的具体细节转向她一直执著追求的理论原则。她崇尚理性,深信托马斯·曼所言的"思想就是激情",因而视"小说的散文化"为理所当然。她的小说人物只是标示某种精神特征的道具,以形象的方式演绎着她对某种精神现象的注意与追问。从最初的希伯来特(《恩主》)到最后的纳尔逊勋爵(《火山情人》),苏珊·桑塔格以不同的人物推进着始终如一的主题:思想与情感的绝地探险。构筑小说的方式也大体类似:人物与现场总是貌合神离,他们总是以幻觉、梦境、假设的方式出现,似乎并非在生活,而是在从事着某种精神试验。

希伯来特处心积虑地想把自己的全部生活化为梦想。在梦中他常常受控制、被折磨,但梦中的自己是快乐还是痛苦却并不重要,重要的是,在梦中他是自己的造物主,他是自给自足的,因而,重要的是他醒来之后的一切能否与梦境接壤。

爱丽丝·詹姆斯(《床上的爱丽丝》)是个长期卧病在床的女人,却宣称"我的精神让我感到强壮"。《床上的爱丽丝》是戏剧也是一组情景随笔,和苏珊·桑塔格一样,爱丽丝仅仅通过语言这个媒介去创造冒险。她经由谈话与他人接触,想象并再造世界——关于女人,关于语言的本质,关于历史形态,关于阶级结构,等等,她在三尺病榻上把一切问题引向极境。至于下床之后怎么办,《床上的爱丽丝》不触及。

朱莉亚(短篇小说《心问》)则坚持不懈地试图在所有的事物之间——比如一片落叶与另一片落叶之间——寻找联系,但这种寻找不断遭受挫折。因为,世界似乎是随意性的,不太可能以逻辑去推导,多丽丝们(《心问》里有几个人物都叫多丽丝)的个人生活之间并不能互相解释;反过来,如果她们的生活可以互为解释,那么个性与个人生活也就成了伪概念。

苏珊·桑塔格敏于从习见之物中发现普遍存在于社会、历史、文化和人类精神生活中的那些隐秘幽微的东西,赋予它们概念、描述和例证。在当代西方,苏珊·桑塔格被视为试金石般的人物,因为"她使如此多的东西走出阴影,这已经逐渐对我们文化的主要层面下了定义"(阿瑟·丹托)。

五 非女权:身份的"第三世界"

许多人会不断地从苏珊·桑塔格的主张和行动中找到与自己的看法相应和的东西,诸如反战,反压制,女权主义,同性恋,色情,抵抗绝症,等等。只是,这种求同往往会遇到令自己大感不解的事——某一天,苏珊·桑塔格就一个问题发言,或者又一篇新文章发表,她的立场似乎一夜之间改变了。因而,有人抱怨苏珊·桑塔格"生性多变",摇摆,掩饰,在一些事关立场的问题上有两面性,有虚伪之嫌。

这是片段地、过于主观地理解苏珊·桑塔格的结果。她的言论往往是刺耳的,但并不以标示某种主义、某种倾向为目的。在发言动机上,苏珊·桑塔格是反主义、反倾向的。她的立足点多是就事论事,观点一般也不抽离具体意象。离开具体的语境去理解她,往往会不得要领。

苏珊·桑塔格是女权主义者吗?她貌似。她建议女人捣毁美容院,拒绝使用夫姓,拒绝离婚赡养费,为政府机关选举女性候选人,也不妨办办男子选美竞赛、对男人吹吹口哨,等等。(《女性的第三世界》)当人们仅习惯于把三八妇女节、妇女权益保障法、妇女权益协会等视为女权增进的标识物,她这些建议看起来不仅女权,而且简直是女权乌托邦。

这些建议实质上是在演绎一个基本观点:女性"权力"而不是女性"权利"。"权力"这个法哲学概念已经被广泛地引用到民主政治秩序中,它的基本含义是人对自己的主权——天赋的、绝对的自我支配权。女性权力是什么?没有人提到过。在人们印象中,美国的女性权利和自由保障应当是最充分的。但是,苏珊·桑塔格对这种保障本身提出了质疑。保障?男性批准的法律给予女性的保障?苏珊·桑塔格毫不领情地说,这恰恰说明"社会结构本身就是建立在男性特权基础上的"。

我不时记起数年前的一则洗衣机广告,一个女人说,以前洗衣服很累,现在有了某某洗衣机,她一下子就"解放了"。

越是"被解放"的女人,越容易感觉到自己是"解放了"的。苏珊·桑塔格把被动性视为性别上的"第三世界"特征:"大多数被视为'解放了的'女人其实是无耻的汤姆叔叔,逆来顺受,迫不及待地要去讨好男同事。"即使许多成功的女性,也都对女性抱有蔑视,她们更喜欢和男人相处。苏珊·桑塔格也是如此。苏珊·桑塔格从来不希望把她的女性身份与她的成功联系起来,尽管她一直不拒绝利用自己的女性身份。这实际上等于默认了男人的批准权——我同意你作为女人的一个例外,获得成功。因而,苏珊·桑塔格常常受到女权主义者指责,认为她并不像自己所说的那样真的捍卫女性权利。

事实上,《女性的第三世界》说的不是作为成果的"权利",而是作为责任的"权力"。在苏珊·桑塔格的词典里,女性解放不仅意味着建立法律上的两性平等,而且意味着强制的权力共享制度;仅仅实现法律意义上的平等将永远意味着女人跟在男人身后,因为事实已经表明男人拒绝交出(制定规范的)权力。这的确是问题的根本:女人,你是向男人要"权利",还是强制他们交出一部分"权力"?要获得权力,就必须为之付出辛劳,必须指望大多数女人都工作、思考、有办法养活自己、有话语能力。苏珊·桑塔格说:"解放就是权力。"如果我们承认我们对自己拥有主权,那么,所谓权力,在某种意义上就在于自我的秉持。"说自己想说的话,做自己想做的事",哈维尔说,这就是"无权者的权力"。

在把个人因素与政治因素联系起来看问题的时候,也许,没有哪个女人可以说自己是"解放了"的。苏珊·桑塔格也不例外。这令她感到"女人的悲哀和愤怒"。这种悲愤交集,直到写作剧本《床上的爱丽丝》的时候才公然表露出来。苏珊·桑塔格的题注很容易令人想起西蒙娜·德·波伏娃的《第二性》,或弗吉尼亚·伍尔夫的《一间自己的屋子》,只是她的语句更漫长:"对女性的种种要求,诸如妩媚动人和耐心体贴和相夫教子和贤惠温顺和敏感多情和三从四德等等,所有这些必定是与为了把巨大的创造性天赋发挥出来所必需的自我中心、积极进取以及对个体的漠不关心相抵牾甚至格格不入的。"人们大约不能因为苏珊·桑塔格主张女性权力,就期待她在女性的被动境况消除之后才去考虑自己的发展。在男性势力范围内获得成功,即使是苏珊·桑塔格,也不得不在"不妥协"的前提下讲究一点"艺术",诱哄男人而非强制男人把手中的威权暂时地、零星地让渡。

一个明显的事实是,苏珊·桑塔格对于权力平等的主张并不限于女性,而是指向任何形式的"第三世界"——女性,同性恋者,癌症患者——所有被她注意到的少数群体、被歧视群体。她身为女性,她是同性恋者,她罹患乳腺癌,但是她一点也不想强调她的个中人身份。这不是什么两面性,而是一个人为私人生活划定的界限。

正如她不觉得女人应当被区别对待一样(无论是虐待还是优待),她也不觉得人们有理由以特殊的眼光看待同性恋。她认为人际交流最为理想的情形是"去性别化",每个人都应该有与另一个人建立起性关系的可能,就是说,性关系的构成不是一定要一个男人和一个女人,而可以是没有性别界限的任何两个人,一男一女,或两个女人,或两个男人。对于苏珊·桑塔格的不出柜,许多人理解为是对被边缘化——像奥

140

斯卡·王尔德那样——的恐惧。毕竟,任何极端的政治身份(包括性身份)都会对已被公认的作家身份构成威胁。就连苏珊·桑塔格的传记作家也认为,是苏珊·桑塔格的"示范性品质促使她变得谨小慎微,不随便承认任何可能使她变成少数分子的身份"(卡尔·罗利森《苏珊·桑塔格:偶像铸造者》)。这也许不全是真相。苏珊·桑塔格显然不是一个胆怯的人,公开坦承自己的性取向,她根本不认为有这个必要。出柜不只是性生活的暴露,而且会要求一系列艰难的公开。她希望人们关注她的写作方式,而不是她的生活方式。

并非蔑视被权力话语置于第三世界的东西,而是,她不喜欢公示第三世界的身份。被歧视与偏见包围的第三世界,是一个她希望从中脱身而出,并希望所有人脱身而出的世界。

这也适用于她作为一个癌症患者的情形。她要成为她所钦羡的人——她仰慕的人,或理想中的自己。在这个没有止境的路上,她是未完成的人,她始终有一种完成自我的动力,这令苏珊·桑塔格看起来像一台不可思议的有生命的永动机。她为人惊叹的"照相机般的记忆力"、"如饥似渴的感受力",既令人迷恋又令人无法忍受的"暴徒作风",以及爱情和友情生活中不时出现的"始乱终弃",也许都可以在此找到解释。与生俱来的戏剧感常常令她对自己的力量夸大其词,她沉浸于自我设定的角色,而不局限于自我的现实。

1975年,苏珊·桑塔格四十二岁,在一次体检中被发现是乳腺癌晚期,癌细胞已经扩散到十七个淋巴结。在她再三要求下医生告知说,她再活两年的概率仅有百分之十。她的第一反应是恐怖,随即觉得,是自己的生活方式导致了癌症,因为她相信威廉·莱希的观念——癌症主要是性压抑的产物。她开始谴责自己选择了错误的生活:"我对自己的癌症负责。以前我活得像个懦夫,压抑着自己的欲望,自己的怒火。"

经过了最初的挣扎,苏珊·桑塔格发觉自己根本就没有打算接受迫

额前一绺白发，成为苏珊·桑塔格的标志性发型

在眉睫的死亡，她想的只有一件事，把癌症从她的生活里赶出去。她选择了不惜毁损外形的霍尔斯德手术（一种根治性乳房切除术，不仅双乳全切，而且切除胸壁的大部分肌肉和腋窝的淋巴结），并经由她当时的伴侣妮可尔·斯特凡娜联系到巴黎一位肿瘤学专家——正在研究免疫疗法的卢西安·伊斯拉埃尔，选择了一种带有极端试验性的化疗方案和免疫处方。她没有医疗保险，尽管得知她的病情之后一直有朋友和作家在募集捐款，但她仍然要努力工作来支付尖端医疗所需要的昂贵费用。对苏珊·桑塔格来说，真正的投入从来都是极端的投入。

苏珊·桑塔格把罹患癌症称为生命中"分水岭一样的经历"。化疗过程是一个持续而痛苦的过程，而且，会出现许多病人都引以为悲惨的头发全脱。双乳与头发对于注重形象的苏珊·桑塔格而言意味着什么，不言而喻。她并非不在乎这些，只是，这些是生命中等而次之的东西，不会成为生活中的大悲剧。她在乎的只有生命，时间。她迫切地需要沿着自己的道路继续下去，她受不了这一执意被死亡中断。因而，每当医生

142

告诉她说治疗极其痛苦,忍受不了的时候可以暂停,她的回答总是:"坚持再做一次治疗,接着再做一次。"

苏珊·桑塔格拒绝死亡,死亡这个词根本就进入不了她的概念系统。苏珊·桑塔格相信科学与理性,但是,当乳癌晚期在理智上成为绝对悲观的事件,活下去的意志却使她树立起一种悖论性的信念——她相信自己在任何逆境中都能成为一个例外,百分之十,那就是说有希望。她相信她就在那个统计数字的顶端,她奉行"意志的乐观主义"。1979年春,苏珊·桑塔格的小说集《我,及其他》出版。在这部很快就成为畅销书的小说集封底,她的照片依然成为一个"引人注目的视觉物":在依稀可见的中央公园的灰色背景中,她一袭黑衣,脚蹬长靴,斜倚在窗台上,左臂肘抵着一摞书报,左手握着右手腕,目光冷峻地扫向镜头。那个潇洒

《我,及其他》封底照片(摄于1978年)

而笃定的几何姿势看上去十分打眼,端庄,安静,带有百折不挠的劲头。

在抵挡死亡的同时,苏珊·桑塔格开始思考这种疾病的文化特征。她发现和她类似的病人都像她患病之初一样,因为癌症在责备自己;而作为旁观者的人们对待癌症总是则像对待不洁之物一样态度暧昧,闪烁其词;在概念系统中,癌症被用于隐喻一些文化、政治或社会疾患,仿佛一个人患有癌症就一定有严重的心理原因,仿佛癌症同时意味着某种精神阴暗。这令她感到愤怒,这种愤怒到后来体现为一个明确的动机。关于疾病、癌症,她要写一本书,来对付恐惧以及对于疾病的心理歪曲,这就是《作为隐喻的疾病》,和其后的《艾滋病及其隐喻》。苏珊·桑塔格反思了癌症、结核病、艾滋病等如何在社会的演绎中一步步隐喻化,从仅仅是身体的疾病转换成了一种道德批判,并进而转换成了政治压迫。与苏珊·桑塔格所有的文章一样,她在引子中的第一句话就令人过目难忘:"疾病是生命的阴面,是一重更为麻烦的公民身份。每个降临世间的人都拥有双重的公民身份,其一属于健康王国,另一则属于疾病王国。"接下来,她指出了一个不为人注意的规律性的现象:癌症往往被用于隐喻某些晦暗的精神特质,比如不可救药、毁坏等,这种隐喻会抑制而非增强人们对其生活的控制能力。因而,她告诫人们不要用疾病来给个性下定义,也不要把某种个性作为易患某种疾病的原因。两篇论文结集为《疾病的隐喻》,一版再版。《疾病的隐喻》被视为"一本干净的书"、"一本净化心灵的读物",以其纯粹的、不假修饰的逻辑吸引了大多数读者,后来成为美国经典和大学课程的固定书目。

当手下不断敲出"癌症"、"死亡"这些字眼时,苏珊·桑塔格笑称:"我赢了。"

她的确赢了。她又活了三十年,活到了将近七十二岁。在生命的后三十年,她出版了小说集《我,及其他》,论著《论摄影》、《疾病的隐喻》、《在土星的标志下》、《重点所在》、《关于他人的痛苦》,随笔集《同时》,长篇小说《死亡匣子》、《火山情人》。

六　他人的苦难

在资本世界里，知识分子拥有比较多的自由还是比较少的自由？这也许是个一言难尽的问题。一个确凿无疑的事实是，苏珊·桑塔格即使在成名之后，也必须时时考虑如何去挣钱维持生活。

1958 年年底，苏珊·桑塔格与菲利普·里夫离婚的时候，戴维六岁。她不愿从菲利普·里夫那里接受孩子抚养费和离婚赡养费，尽管根据当

1966 年的苏珊·桑塔格。摄于纽约寓所

时当地的社区财产法,她有权得到这两笔钱。她从菲利普·里夫的父母手上接过戴维,带着仅有的两个箱子和七十美元,离开波士顿到了纽约。此后的许多年,她独自抚养戴维。

她不得不拼命干活以支撑生活。开始她在《评论杂志》做编辑,随后又到萨拉·劳伦斯学院和城市学院教哲学。很多时候她不得不写计件书评来支付各种账单,偶尔她也教一门课,开开讲座,或者当一阵儿驻校作家。弗雷·斯特劳斯·吉劳出版社预付的稿酬并不高,开一次讲座她可以挣到一千美元。她生活拮据,没有医疗保险。

尽管经常捉襟见肘,但她还是愿意在"为石墙所围的安定生活之外安营扎寨"。她拒绝成为《老爷》杂志的专栏作家,而且在大多数情况下拒绝接受约稿——她对命题作文抱有警惕。1964 年,她甚至辞去了哥伦比亚大学的教职。她认为教书生活直白而刻板,远远不如写作那么无畏,那么令人激动。凭着一种常人难以拥有的意志力,以及维护自由写作的决意,她一直拒绝接受任何可能妨碍一个作家的独立性的工作,她也无意把自己的时间奉献给众多的崇拜者。

在一种越来越多地被市场价值左右的文化体系中,精神产品及其出品人都不免有被贬低乃至被败坏的危险。由于无时不在、无可回避的物质生活,许多自命清高的文人都难以拒绝与物质利益提供者的合作。苏珊·桑塔格也不可能绝对地拒绝,不过,她至少坚持了一种不失自尊的限度,她不以降低自我的独立与自由为代价。也许在许多时候她显得倨傲,但是,正是经由这难能可贵的拒绝,苏珊·桑塔格成功地保持了一个独立作家的空间,因而始终拥有表达真正自我的绝对权利。

一个人的勇敢,往往基于对外部生活的蔑视。物质利益,生存的舒适与安稳,是生活的基础,但也仅仅是基础。一个人终其一生,根基性的需求并不是很多。苏珊·桑塔格刚刚离开菲利普·里夫的时候,先在格林尼治村租住一间空间逼仄的公寓,后来又搬到一个战前建筑的顶层公

146

寓,除了一屋子的书,几乎家徒四壁。苏珊·桑塔格对这样苦行僧般的生活窘况却不以为意,她向往的是不可视见的人生域界,而不是许多人垂涎的奢华生活,她对精神贫瘠者"对于美好生活的俗丽幻想"不感兴趣。

人与人拥有的基础与条件不同,在这个大前提下,人生的得失一般而言,是一件此消彼长的事。安于物质生活的简单,甚或主动地把物质生活限定在一个简单的范围之内,一个人也许更不容易屈服。

居住在那所阴暗空旷的顶层公寓期间,《激进意志的样式》出版,其中收录了《美国现状》和《河内之行》。

《美国现状》是对当时《政党评论》的一份问卷调查的回应。那份问卷涉及美国的制度设计、贫穷问题、民族问题、外交政策,以及政府和知识分子的关系。苏珊·桑塔格没有就事论事地回答那些问题。她对美国建立国家的道德根基,美国在全球的特权,美国的经济暴力,以及美国政权的野蛮和知识分子的妥协,提出了令许多人叹为观止的批判。苏珊·桑塔格说,"美国的权力从其范围来说并不妥当"。过分的权力体见于经济的是,这个人口占世界百分之六的国家占有着世界上百分之六十的财富。这是一个"强大的浪费型社会",这种"生活质量是对人类发展可能性的侮辱",为人称道的美国活力"是一种源头恶劣的活力","这种超越自然、与人性不相符的活力",催生的是"低劣的物质主义和贪欲",它让我们付出了太大的代价。这种特权体见于外交,则是美国对于全球的威权。苏珊·桑塔格说,美国的外交政策可能导致更多、范围更广的战争。

当美国飞机轰炸河内的时候,她出现在河内。虽然为期两周的访问让她未能建立起与越南"在政治上和道德上的一致性所暗含的那种智性和情感上的关联",她也看得出越南官方的安排是"一出小小的政治戏剧",觉察到那里正在发生的强制的集体化与异己清洗,但是,她还是悉心体察了越南人的生活和精神状态。在随后发表的《河内之行》中,她写到越南人曾幼稚地劝她也应该爱国,她回答说:"现在很难爱美国,因为美国正在把武力输出到全世界。人类利益高于任何个别民族的利益。在今天,一个有正义感的美国人应当首先是个国际主义者,其次才是爱国者。"

对于知识分子群体而言,叙拉古的诱惑或者犬儒,似乎早已成为等在道路两端的讥讽。作为一位富有影响力的知识分子,苏珊·桑塔格对于"去政治化"的知识分子的批评毫不留情。她说,怯懦的所谓知识分子"不过是领薪水的教授","是当权派自然而谨慎的盟友",他们更"希望能影响政府的决定而不是大众不稳定的情绪"。她也曾指责自己所在的左派团体在90年代巴尔干冲突期间的不作为。当时,美国许多所谓左派人士已经对造成"他人的苦难"的原因失去了义愤,他们热衷于消费与享乐,全身心地关注个人的安危与舒适,舒舒服服,自鸣得意,不愿意为了任何事业陷自己于不便,他们的趣味正在变得越来越布尔乔亚。对无处不在的玩世不恭,苏珊·桑塔格轻蔑地说:"现在没有左派。这是个笑话。"

护佑着普通人的正义,应当体见于权力执行过程中的公平与克制。知识分子的责任与良知,就是对权力的失当随时发言。当这个前提性的立场与某种自我倾向或小团体倾向发生冲撞的时候,苏珊·桑塔格会在所不惜地捍卫前者。

苏珊·桑塔格曾标举形式固有的美感,并例举莱妮·里芬斯塔尔。莱妮·里芬斯塔尔是以视觉形式美名噪欧美的电影人,她拍摄的亲纳粹影片强调身体崇拜,被视为法西斯主义美学的先驱之作,希特勒称她为"我完美的德国女人"。在《反对阐释》中,苏珊·桑塔格警告说,如果仅仅因为里芬斯塔尔作品中纳粹的内容就谴责她,结果就会减少对艺术形式的重要体验。

然而,等到里芬斯塔尔的摄影集展出的时候,苏珊·桑塔格惊讶地发现,不仅里芬斯塔尔的作品对于原始、雄性、征服与被征服、化人为物的颂扬表现出明显的法西斯主义美学倾向——对权力的眩晕、对控制与屈服的着迷,而且她和她的宣传者已经完全忽略了她与纳粹纠结的历史,在欧美文化界,美化里芬斯塔尔名誉的言论甚嚣尘上。

写于 1974 年的《迷人的法西斯主义》,苏珊·桑塔格不惮以自我矛盾,指出文化界对于里芬斯塔尔的"平反"是由于人们对于历史的淡漠,里芬斯塔尔与纳粹有关的过去,乃至已经普遍体现于坎普中的纳粹趣味,随着世易时移,似乎已经变得"无关宏旨"。她辛辣地讥讽,正如希特勒偏爱的性隐喻(认为领导就是对"阴性"的群众的性征服,就是强奸)一样,施虐与受虐狂的艺术本质上也是一种极端的性体验,它把美感与人格、关系、爱相分离,使之成为纯粹的征服;它与党卫军制服一样,"颜色是黑色,材料是皮革,诱惑是美,正当性是真诚,目标是高潮,幻想是死亡"。

1973 年 10 月中东赎罪日战争发生以后,身为犹太人的苏珊·桑塔格意识到,犹太性正在日渐成为一个无法回避的问题。埃及、叙利亚和巴勒斯坦正在反击以色列,苏珊·桑塔格在那个时候进入西奈沙漠,进入雷区,开始拍摄一部纪录片。关于中东地区持续不断的冲突,她不能允许自己闭门造车,她决心要靠近战争,亲眼观察那块土地上出现的复杂现实。在纪录片里,她让影像与声音叠加,比如阿拉伯人的面孔与以色列人的面孔、电台的声音与战场上尸骨累累的影像相叠加。在影片里作为旁白贯通始终的两个声音来自以色列作家约拉姆·卡尤尼科和物理学家尤瓦尔·尼尔曼,他们观点互为抵触:一个在解释以色列的起源,指出犹太复国主义对阿拉伯人权利的否认;一个在陈述阿拉伯人对以色列的偏激。尽管那部片子由于缺少来自阿拉伯世界的声音而较多地注意了犹太立场——她探索的重心是犹太良知和犹太意识——但是,它仍然难能可贵地强调了"两种相反的、局部的真理",即作为冲突的双方,他们各自坚持的东西及其由来。

　　1993 年 4 月，在萨拉热窝依然遭受塞尔维亚炮火围攻的时候,苏珊·桑塔格来到这个城市，带领一个由当地波斯尼亚演职员组成的剧组,拍摄经她亲自改编的贝克特的《等待戈多》,以隐喻的方式表达对波斯尼亚人的声援和对西方国家袖手旁观的讥讽。连续近五十天,她每天冒着塞尔维亚狙击手的炮火奔向剧院,在轰鸣的炮声中指挥排练。曾有一发炮弹在她刚刚经过的通道入口爆炸。她去的时候身穿防弹背心,随即就脱掉了,她不想自己和被围困的波斯尼亚人之间有区别和距离。首场演出后,苏珊·桑塔格被授予萨拉热窝荣誉市民称号;1994 年 2 月,她获得勃朗峰文化奖。此后,她继续访问这个城市,前后十一次,时间从几周到几个月不等。她说,只要围困不解除,她就会不断回来。苏珊·桑塔

1994 年,在迈阿密书展上发言

格以她在萨拉热窝的工作，一度成为萨拉热窝人心目中不屈服的象征。

注视难以忍受的东西需要无畏，在正义与利益之间作出选择，更需要。作为艺术家或知识分子，现实就在你的视野之内，苦难与残酷历历在目，是否去注视已经不应该成为问题，苏珊·桑塔格说，问题在于"如何不去转移目光"，"如何不屈服于停止注视的冲动"。

针对自我意志的不屈服，不仅仅意味着某种利益考量，某些时候，也意味着生死攸关。

苏珊·桑塔格主持国际笔会美国分会后不久，1988年春，便遇到了作家彼得·马西森与一位前州长的官司。这位前州长控告彼得·马西森在一部小说里诽谤他。在通行判例法的美国，苏珊·桑塔格立刻意识到这场官司的判决意味着当下及今后写作自由的刻度。历史上乃至当代的个人或事件如果存在争议、不确定，那么，作家有没有在写作中涉及或谈论的权利？苏珊·桑塔格一语中的：

如果一个作家被剥夺了深入有争议的和无法了解的材料之中的权利，被剥夺了重复讥讽而严厉的观点的权利，被剥夺了凭本能而非凭什么确定的事实去得出结论的权利，那么，他构想中的书便写不出来，作家也不会去写。

这场官司的胜诉，成为苏珊·桑塔格留给笔会的珍贵财富——由此，作家对有争议的事件和人物的言论权得到司法确认。

具有挑战意味的是，就在官司胜诉的时候，1989年2月14日，伊朗精神领袖霍梅尼颁发法特瓦（宗教律令），以印裔英籍作家萨曼·拉什迪的小说《撒旦诗篇》亵渎伊斯兰为由，宣布判处该书作者死刑，并悬赏五百二十万美元，号召信徒对拉什迪采取暗杀行动。消息一出，北美出版界立刻陷入了恐慌，许多书店宣布这本书撤架，一些十分活跃的美国作家和知识分子对此缄口不言。应该承认，恐惧与缄默是有理由的。一方面，《撒旦诗篇》对伊斯兰教和穆罕默德的不敬的确对穆斯林的宗教情感是一种公然伤害，萨曼·拉什迪本人曾为此向穆斯林世界公开道歉；另一方面，拥有十三亿人的穆斯林世界尤其是七千多万伊朗人对霍梅尼怀有深切的爱戴，这个判决意味着萨曼·拉什迪成了千万人追杀的对象。从死刑判决公布的那一天起，萨曼·拉什迪就开始了东躲西藏，一直过着由警方保护的地下生活，直到 1998 年伊朗政府宣布不会支持对拉什迪的死刑判决后才重获自由。当时，与这本书有关的许多人受到伤害，日文译者被暗杀，意大利文译者被刺伤，挪威文出版商遭到枪击。

然而，一位作家因为言论失当而受到生命威胁毕竟是过分的。在文艺界和知识界声音喑哑的当口，苏珊·桑塔格对外宣布，美国笔会将在全球各大报刊发布声明，抗议霍梅尼对作家的迫害。她在几天后就此事发表公开演说，呼吁艺术界、知识界和公众抵制迫害。苏珊·桑塔格说，死刑判决不仅关乎一名作家的生死，而且是"针对精神生活的恐怖主义行为"，如果在这个时候不敢表态，就意味着所有的人都被劫持了。

这当然并不是对于同行的祖护。事实上，苏珊·桑塔格对于充斥于文学界的某种司空见惯的声音抱有深刻的怀疑。2001 年，在耶路撒冷国际文学奖受奖演说中，谈到时下被标榜的和平、荣誉和个人自由，她说，如果和平意味着另一部分人必须难以接受地放弃合法权利，那么最能促成和平的就是快速战争；如果荣誉成为自我讨好和彼此讨好，那么它就失去了检验个人行为的基本意义；如果个性和自由越来越变成自私的同义词，那么它们只不过是自我膨胀和资本交易原则在人性中的体现。那么，作家应当在怎样的前提下坚持自我？苏珊·桑塔格说：

　　我不相信在自我的培养中存在任何固有的价值。我还觉得，任何文化都有一个利他主义的标准，一个关心他人的标准。……如果文学作为

152

晚年的苏珊·桑塔格

一个计划吸引了我(先是读者,继而是作家),那是因为它扩大了我对别的自我、别的范围、别的梦想、别的文字、别的关注领域的同情。(《文字的良心》)

　　苏珊·桑塔格的呼吁并不总是具有物质效果,正如作为对创作自由的重申与声援,她的抗议并没有减弱萨曼·拉什迪受到的威胁一样。但是,这种一贯强调人之为人、作家之为作家、知识者之为知识者的权利与良知的立场,总是毫无例外地在精英与大众中同时引起强烈的反响。

茨维塔耶娃：

Marina Ivanovna Tsvetaeva

我要从所有的时代夺回你

通过他我忠实于骑士的身份

你是你,不是他

作为诗人,还是作为女人

肉体是一堵墙

我与你从未相信过此世的相见

玛琳娜·伊万诺夫娜·茨维塔耶娃（1892—1941），20世纪俄罗斯最伟大的诗人之一。

　　茨维塔耶娃1892年10月8日出生于莫斯科。1911年春遇到谢尔盖·埃弗伦，两人一见钟情并于第二年结婚。二月革命时期埃弗伦加入白军，革命胜利后随着溃败的白军流亡到国外。1922年，茨维塔耶娃获准出国与丈夫团聚。他们先在柏林侨居，生下儿子穆尔，后迁居巴黎。1939年举家返回苏联，却不幸遭遇了"大清洗"，女儿被流放，丈夫被枪决。1941年8月，纳粹军队迫近莫斯科，茨维塔耶娃带着儿子移居小城叶拉夫堡，因生活无着，走投无路，于8月31日自缢身亡。

　　青年时代，茨维塔耶娃迷恋过女诗人、文学批评家和翻译家索菲亚·帕尔诺克。侨居柏林时期，与巴赫拉赫、罗泽维奇有过短暂的恋情。1926年，通过帕斯捷尔纳克介绍，茨维塔耶娃与里尔克开始通信，直至后者去世。

　　1910年，茨维塔耶娃出版了首部诗集《傍晚纪念册》，后又相继出版诗集《神奇的灯》《选自两本书》《俄里》《里程碑》。侨居柏林和布拉格时期先后出版诗集《别离》《天鹅营》《手艺》，叙事长诗《山之歌》《终结之歌》《空气之歌》《捕鼠者》等。侨居巴黎时期，孤独与思乡成为她的诗歌主题，与此同时，发表一系列关于俄罗斯和德国经典诗人的随笔，以及由随笔名篇《我的普希金》等十六篇文章构成的回忆录。茨维塔耶娃的诗歌以生命和死亡、爱情和艺术、时代和祖国为主题，加以天才的想象力和极富音乐美感的句式，被誉为不朽的、纪念碑式的诗篇。

Marina Ivanovna Tsvetaeva

1941 年 8 月 31 日茨维塔耶娃自缢身亡时,年仅四十九岁,经历了十七年的流亡回到祖国不到三年,处身于俄罗斯偏僻小镇叶拉夫堡,身边没有朋友,也没有亲人。

1940 年摄于莫斯科

她被认为是不幸的。对于这不幸的原因，许多人有自以为是的总结。有人从心理学的角度分析她的成长经历，认为她的不幸植根于童年，植根于母亲给予的赞赏与拒绝，这双重的态度在她的人格形成中介入了强制，于是，她失去了独立人格形成的机会，而此后建立的一切，都只是人格假象，很容易碎裂。

　　一位特立独行的诗人被这样解读，已经不仅仅是诗人身后的悲哀，而成为我们共同的悲哀。之所以有许多言之凿凿的荒谬判断，并不是由于事实曾被遮蔽，而是，也许我们不具备辨认高贵人格的眼力，习惯于以低矮的水准去度量一切。

　　茨维塔耶娃是不幸的吗？在生命高于一切的原则之下，当然可以这么说，因为她自己杀了自己，在她还不到五十岁的时候。在生命高于一切的原则之下，人们可以无限地妥协，甚至把人的尊严全部放下。

　　其实，并非我们撑不下去，撑不下去的往往是身体。身体是物质性的壳，并不为灵魂量身定做。它要食物，要舒适，会生病，会凋敝，充满了猥琐的需求与猥琐的细节。它有如铁屋，禁锢了所有的灵魂。当这种禁锢到了令人无法呼吸的程度，毅然毁弃这个躯壳，又有什么可悲的呢？在最后的毁弃中，灵魂才是战胜者。

　　这一桩悲剧属于尘世，但不属于茨维塔耶娃。对她而言，活着要有前提，否则就毫无意义。她没有敷衍庸常生活的能力，也没有热情在其中抛洒。

　　我们配得上更好的事物，她说。

　　更好的事物是存在的。它们在一百年后，簇拥着茨维塔耶娃的雕像——诗歌与桂冠，爱与理解。但这些似乎来得太晚了。

　　幸或不幸，一言难尽。她说，人在世间的唯一使命是忠于自己。只能说，在难以想象的艰难里，茨维塔耶娃一直选择的是作为人的尊严，以及作为诗人的赤诚与傲岸。这使她虽然输给了苛酷的生活，却战胜了从无断绝的时间,成为高悬于时间之上的星辰。

> 我的爱赋予了你:它太高了。
> 在天空之上是我的葬礼。

一百年后看到她的诗歌,进而触及她的人生细节,有多少人为这样的抵挡与放弃黯然落泪。人间的错失,并不都是因为无缘。人与人之间,总是对面不相识的时候居多——那就是她所说的"不曾会晤"。

貌似偶然的际遇,其实都有着不可逆转的前因。人生之初所承受的一切,已经大致决定了她会有怎样的人生趋向。她超拔于人间普通的幸福之上,超拔于那个危机重重、极权肆虐的时代之上,她不可能满足于任何孱弱的情感,也不可能臣服于任何低矮的境遇——它们曾以漠视、误解、轻慢和残酷,威逼了这个与诗歌共生的人。

一 通过他我忠实于骑士的身份

大致可以说,在情感生活中茨维塔耶娃是个永远的受伤者。过度的热情和异乎寻常的情感方式,使她极易一相情愿,也使遇到她的人极易产生压迫感。终其一生,茨维塔耶娃都在不断重复一个情感模式:一见钟情,迷恋,追逐,相爱,直至对方逃离。

只在一个人那里除外。这个人是谢尔盖·埃弗伦,茨维塔耶娃的初恋情人,她的丈夫,她三个孩子的父亲。也正是谢尔盖·埃弗伦,引发了她一生中连绵不断的磨难。

1911 年 5 月初,茨维塔耶娃受邀来到沃洛申的故乡——黑海东岸的科克杰别尔小住。那处乡间居所是作家、画家、诗人会聚的地方。茨维

初恋时期的茨维塔耶娃

茨维塔耶娃的丈夫谢尔盖·埃弗伦

塔耶娃已经在一年前出版了她的第一本诗集《黄昏纪念册》，诗集受到当时俄国著名评论家沃洛申等人的激赏。年将十九岁的茨维塔耶娃厌倦了自幼年就已开始的系统阅读，把注意力投向现实生活。

科克杰别尔是一个际遇丰富的乡间居所。一天，在黑海东岸那片铺满鹅卵石的海滩上，她遇到了埃弗伦。埃弗伦出身贵族，有犹太血统，比她小一岁，黑发，高挑瘦削，有一双令人迷恋的暗绿色眼睛。与多病的体质和优雅的个性相吻合，他的眼神忧郁而浪漫。因为特殊的出身与经历，埃弗伦的气质里有一种无以言喻的高贵与悲戚。

埃弗伦身上那种沉默、抑郁的阴性气质，是她曾以诗歌幻想却未曾遇见的。他们相遇的时候，埃弗伦刚刚经历过惨烈的家庭悲剧。1909 年，他的父亲去世；半年以后，最小的弟弟突然吊死——这或许是游戏发生的意外，但是，这件事令他的母亲痛苦到发疯，也随之结束了自己的生命。当亲人的死亡突如其来、接踵而至的时候，恐惧、悲伤、无力感以及逃避的渴望也不由分说地植入了他的个性："据说，只有孤独的人才写日记。我不知道自己为什么要写，为什么想写。如果把那些跟谁都不愿意说的话写下来，似乎有点可怕。甚至把不想说的话倾诉在纸上也叫人胆战心惊。我觉得自己很孤独，尽管爱情簇拥着我。我孤独，我最为隐秘的思想，我对生活和人们的理解也与众不同。我觉得没有一个人像我这样难以理解周围的生活。似乎所有的人都很粗鲁，大家对最重要的事情熟视无睹，也没有任何感觉。说来奇怪，我们难以超越自身的处境想象自己。"或许埃弗伦自己也不曾意识到，最初，正是他身上这种莫名的颓丧气质吸引了茨维塔耶娃，使她顿生依恋：

存在那样一些声音，
你一旦沉默，便不可重复，
你借此可遇见奇迹。

存在一些巨大的眼睛，
染有大海的颜色。

这就是他，站在你面前：
请看他的额头与眉毛，
请把他与你相比。
那是古老的、蔚蓝的
血液的疲倦。

那一天颇有些传奇色彩。她在布满鹅卵石的海滩上散步，她想，假如有个人能够在这么多的鹅卵石中找到她最喜欢的那一枚，她就嫁给他。埃弗伦走近她，打开手掌，里面有一枚莹润的肉红色鹅卵石——正是她最喜欢的。当时他还未满十八岁，所以，她等到第二年——1912年，他们结婚。

青春时代的爱情是火热的。在茨维塔耶娃一生中，如此热烈而牢固的爱情再也不曾出现过：

我在青石板上写，
在褪色的扇面上写，
在河滩和海岸上写，
用冰刀在冰上，用戒指在玻璃上写，
在经历过千百个严冬的树干上写，
最后——为了让天下大白！——
我爱你！我爱你！我爱你！我爱你！
我写了又写——用满天的虹彩。
我渴望每个人都能永远

与我形影相随！白头偕老！

可是后来，我额头抵着书案，

把那些名字一笔勾销……

然而你，却被我这个无行的文人

攥在手心里！你咬噬着我的心！

你没有被我出卖！在戒指背面永存！

你藏在我心里完好无损。

茨维塔耶娃的爱情是放射性的。面对患有肺病、瘦削、忧郁的埃弗伦，她有一种母性的保护欲。而埃弗伦对她的爱，则包含了深刻的理解与近乎仰慕的欣赏。婚后不久埃弗伦创作了小说《童年》，最后一章《仙女》中出现了一个十七岁的玛拉，知情者一看即知，玛拉就是玛琳娜·茨维塔耶娃。玛拉不合群，很疯，行为放肆，连说话也带有醒目的茨维塔耶娃风格："我讨厌有些人过分留意自己的健康。过分健康的身体有损于精神……我对自己最为看重的一点可以说是想象力……人越聪明，饭量越小……想象力同样是生活。界限在哪里？什么是现实？一切被剪掉了翅膀的生灵，都适合用现实的名字来称呼。"玛拉是一个令人喜欢的诗人，借助她，埃弗伦描述了自己在茨维塔耶娃身上发现的热情、罕见天才与独异个性。

女人爱上一个人的标志之一，就是在某些时刻，总想变成那个人的孩子。强悍如茨维塔耶娃，也不例外：

一切是你的：期盼着奇迹，

四月里整个的忧伤，

如此急切地向往天空的一切——

可是，你不需要什么理性。

直到死亡来临,我仍然是

一个小女孩,哪怕只是你的小女孩。

1912年2月,茨维塔耶娃的第二本诗集《神奇的灯》与埃弗伦的《童年》同时出版,与此同时,他们开始新婚旅行。他们的明信片雪片一般的,从西西里岛,从德国、法国,飞向俄罗斯。即使在如此喜悦的旅行中,茨维塔耶娃还是能够感觉到埃弗伦的忧伤与脆弱。仿佛她的诗歌是一种通灵的预言,这疼惜的心情,早在《黄昏纪念册》里,在他们还不曾相识的时候,已经预先来过了。那时候,仿佛她就知道——或许是期待——自己生命里将出现这样一个男人,值得她超越爱情地去疼惜。那首诗的诗题是"给下一个女人":

永远陪伴他:让他教会你忠诚

以他忧伤而温情的注视。

永远陪伴他:怀疑使他痛苦。

抚摸他,就像姐妹一样……

她是他的爱人、姐妹、母亲,但并不是他的"小女孩"。在这样的爱情里,做个"小女孩"只是她的幻想。连周围的朋友们都可以感觉到,在温和、软弱的埃弗伦和坚强、骄傲的茨维塔耶娃之间,有着惊人的不平衡。她的心力太庞大,以至于世界在她眼里是缩小的;而他们的爱情与幸福,虽然美,但更是微小的,局促的:

我知道,我知道,

人间的魅力,

这一只精雕细刻的

迷人的杯子——

我们的杯子

不比空气大,

不比星星大,

不比悬挂在独活草中的

鸟窝大。

更多的时候埃弗伦是依赖的一方。在生活中他更像是儿子、兄弟,是她的"义务",很多时候她不得不担负起照顾、供应、安抚的责任。而他们的儿女,则几乎一直由茨维塔耶娃独自抚养。物质生活的窘迫在茨维塔耶娃那里并不太受重视,但捉襟见肘的生活却如影随形,成为她一生未曾摆脱的重负。

茨维塔耶娃生命中重大的迁徙——从俄罗斯流亡到柏林,再到布拉格,再到巴黎,最后返回俄罗斯——乃至由此步步加重的生存困厄,多是由埃弗伦的政治倾向和立场选择引发的。

二月革命爆发以后,埃弗伦参加了维护沙皇的白军,并随着溃败的白军流亡到捷克。茨维塔耶娃不得不带着两个女儿——五岁的阿利娅和半岁的伊琳娜,在莫斯科艰难度日。1922年,茨维塔耶娃获准出国与埃弗伦团聚。她先到柏林,然后到布拉格,然后到巴黎。当茨维塔耶娃跟随埃弗伦流亡欧洲的时候,埃弗伦却由于看透了白军的腐朽而渐渐倾向于资产阶级革命,进而倾向于苏维埃政权。在巴黎,他先是创办亲苏杂志,后来参加间谍活动,并在听命于苏维埃内务人民委员会的巴黎间谍网中担任要职。间谍活动导致他们在巴黎受到越来越严重的孤立与排斥,直至有一天,埃弗伦被巴黎警察逮捕询问。他们的日常生活变得举步维艰。30年代后期,当法西斯德国开始肆虐欧洲,即将逼近巴黎的时候,他们彻底失去了生活来源。基于共同的政治立场,埃弗伦与阿利

茨维塔耶娃剪影,1931年

娅先行回国。由于贫困至极、孤立无援的处境,尽管朋友们一再告诫,茨维塔耶娃也不得不随后回国。

选择在 1939 年返回苏联,真是一场不折不扣的悲剧。他们正赶上斯大林政权的大清洗。告密、逮捕与暗杀达到了登峰造极的程度,许多盛名在外的知识分子和艺术家被迫害致死或选择自杀。不久,埃弗伦和阿利娅先后被捕,埃弗伦被枪决,阿利娅被流放。在严酷的环境中,茨维塔耶娃失去了诗歌。她不能出版、不能发表,甚至不能再自由地写。1941年 8 月,德国军队迫近莫斯科,茨维塔耶娃和儿子穆尔被疏散到边缘小镇叶拉夫堡。茨维塔耶娃试图谋求一份洗碗工的工作以维持生计,但遭到拒绝。8 月 31 日,走投无路的茨维塔耶娃自缢身亡。

在这样一个步步趋向死地的过程中,埃弗伦由于不时发作的肺病,一直没有能力正常地负担家庭生活。他和茨维塔耶娃一直在一起,也可以说一直没有在一起。从生活实质上看,茨维塔耶娃差不多相当于一个拖儿带女的单身母亲。这无疑成为她生命里一种整体下坠的力,令她不得不为最基础的物质生活,为衣食住行,疲于奔命。

没有基本的物质支撑的生活,注定了是一种无法起飞的生活。生存成为她无比厌恶又不得不时刻面对的东西。在许多时候,这个写诗的人自问,我应该是诗人还是一个主妇,应该是诗人还是一个母亲,应该是诗人,还是一个被生活榨干、未老先衰、没有爱情、没有快乐也没有梦想的女奴?

磨难,从 1917 年就开始了。

1917 年是俄国社会天翻地覆的一年。资产阶级革命和随后到来的无产阶级革命,暴力抵抗、刺杀和随之而来的恐怖控制,并没有引起茨维塔耶娃对于生活的忧虑。

对于物质生活,她缺乏敏感。她自幼习惯于衣食无忧、诗书琴乐的生活,她自幼受到来自母亲的教诲——不要在乎物质的贫困,而要尊崇神圣的美。直到战乱和赤贫迫在眼前的时候,茨维塔耶娃才意识到,那些可以带来收入以应付生活的工作,自己"什么都不会干"。她精于琴艺与诗歌,却丝毫不懂得应付生活。在铁与血的严酷中不是没有人读诗,但是,诗歌从来都不是可资维生的技艺,在刀兵时代尤其如此。

应该说,在困窘的生活中,她也不是一个平民概念里的称职的母亲——细心照料孩子的生活,在她的经验里,那是保姆的事;也从来没有人教过她,为孩子提供生活资源,竟然是一个母亲的事情。在她的经验里母亲的角色是引导者,比如她和已经可以沟通的阿利娅外出散步,向她谈论诗歌和音乐。生活无以为继,于是,她把两个女儿送进了救济性的育婴院,以为那样她们至少不至于忍饥挨饿,结果却极其悲惨——过了不久,伊琳娜饿死,阿利娅重病。

在茨维塔耶娃的一生中,有一件她始终没有勇气正视、更没有心力反省的事,那就是小女儿的惨死。作为母亲,她被责备对小女儿没有给予必要的爱与关心。她先是解释,后来,这件事则被她有意无意地抹去,成为一件"不提之事"。这不禁令我想起多丽丝·莱辛,对于在年轻时候遗弃一对儿女,她也一样:自我解释,直至不提。

十几年之后,在巴黎,茨维塔耶娃终于在随笔中涉及这个对于艺术家而言可谓经典的伦理困境:"在这儿,艺术的法则和道德的法则——南辕北辙。艺术家仅仅在两种情况下有罪:拒绝创作艺术作品(因为它毫无用处),创作非艺术作品。在这儿他的小责任结束了,而开始了无限大的人类责任。"

茨维塔耶娃很清楚自己必须牺牲。如果艺术家必须为自己的献身付出代价,那么,她首先要从世俗的善与恶中把自己分离出来。在布拉格,当她的创作进入巅峰状态的时候,为了争取更多的时间,她让十岁的女儿承担更多的家务,并且坦然于此:"如果你不学着搬开一切,跨越所有的障碍,即使这会给周围的人带来损失,如果在争取写作权益的奋斗中学不到绝对的利己主义,你将无从创作出伟大的作品。"因为她觉得她绝非为自己创作诗歌,也不是为了有限的人;不是她选择了诗歌,而是诗歌选择了她,赋予她创作的使命,是"诗歌通过我写出了自己"。

因而,她听命于诗歌,坦然接受可能发生的任何指责,不在意任何世俗范畴的善恶评判,只服从诗歌的评判:"如果词语有最后审判的话,我在其间就是清白的。"

首先作为诗人,顺便作为妻子,也是她对埃弗伦的态度。

很难说一个人的角色是否可以这样进行一种层次性的分隔,但无可置疑的是,她作为诗人的全部感觉,肯定是更为强烈和持久、压倒一切的存在:"被谁的手支配着,就在谁的手里。"

当时,与埃弗伦的婚姻最令茨维塔耶娃感到珍贵的,是它不曾约束她的自由:"我们的婚姻迄今为止不同于普通的婚姻,我完全不曾感到自己已婚,完全不曾感到自己有所改变……我们的相遇——是一个奇迹。……他——是我生命中最亲的亲人。我不曾像爱他那样爱别人……

只有与他在一起生活我才活得——完全自由。"

但是二十年之后，当人生中琐屑的磨难一重重地袭来，茨维塔耶娃却对朋友说："婚姻和爱情很快就摧毁了个性，这是严峻的考验……早期的婚姻(就像我的)一般来说是灾难，是对生命的一次打击。"

婚后的幸福生活持续到1914年。这一年8月，战争裹挟了整个欧洲，俄罗斯也未能幸免。埃弗伦抱着青年男子常有的爱国热情入伍。两个月后，茨维塔耶娃认识了女诗人索菲亚·帕尔诺克，一段耀眼的同性恋情由此开始。也是由此，茨维塔耶娃进入了一种周而复始的情感劫难：开始，结束，为了解脱又迅速开始，再迅速结束……循环往复。

对于茨维塔耶娃的情感经历，一向众说纷纭。埃弗伦却在漫长的痛苦中，一直对此抱以理解。在布拉格的流亡生涯中，茨维塔耶娃又一次投入新的爱情，整个布拉格都在议论茨维塔耶娃的"风流韵事"，埃弗伦却对沃洛申如此陈述妻子的状态：

玛琳娜是——热情的生命……不假思索地投入飓风之中，是她必需的生活背景。现时有人把她从飓风中唤起——这不重要……玛琳娜沉湎于这样飓风般的绝望中，这仅仅改善了新的爱情出现的环境。事情仿佛重要——却无关紧要。没有实质，没有源泉，只有韵律，魔鬼似的韵律。今天绝望，明天热情然后是爱情，精神和肉体的新的沉湎，一天后重又绝望……

她像一个大火炉，为了运行，需要劈柴，劈柴和劈柴。灰烬被弃置，劈柴的性能不再重要。因为通风好，一切在燃烧。劣质劈柴烧得快，优质劈柴烧得稍慢。不须说，当我点着这个火焰时，时间已经过去。

就是如此吧——凭着无条件的原谅，他有如隐形的遁逃之薮，总是成为她渴望返回的地方；也如一种自然空间，容纳，但未设墙壁。在这样的关系里,她之为她的一切才可能有充分的激发,她才可能令生命"高于自己",有如忠实于"骑在红马驹上"的骑士的呼喊:解放爱情! (——超越爱,从相爱的不自由里挣脱。)

通过他我忠实于骑士的身份。
——对无畏地生活和死亡的,对一切
——对这些人
在命中注定的时刻毁灭——
撰写四行诗——登上断头台。

二　你是你,不是他

同性恋是天生的吗?也许是。由于同性恋在人类文化中一直被视为有伤风化,所以更多地成为潜隐的存在;而文明程度越高、社会开化程度越高的环境,因为对异类具有了必要的宽容,同性恋文化往往也就越兴盛。

艺术家可能更容易陷入同性恋情。男女相恋的生物基础和生理前提,在精神性强烈的情感中无疑会被削弱。诗意往往对性交往抱有蔑视——并不排斥,但是,也绝不视之为基础和前提。所以,作为情感更易于沟通的同性,他们彼此钟情的可能性也就更强。同性恋在 20 世纪中后期的欧美文化圈,尤其是巴黎文化圈几乎司空见惯。

茨维塔耶娃是著名的同性恋者之一。

在遇到索菲亚·帕尔诺克之前,茨维塔耶娃曾经有过两个模棱两可的同性恋慕对象,一个是父亲前妻的侄女娜佳·伊洛娃伊斯卡娅,一个是作家屠格涅夫的侄女阿霞·屠格涅娃。前者十几岁不幸死于肺结核,

茨维塔耶娃的女友，诗人和评论家索菲亚·帕尔诺克，1912 年

后者则在认识茨维塔耶娃之后突然嫁人，不辞而别。一如在遇到埃弗伦之前所遭遇的两次男性的求婚，对自己与这样两个女孩之间发生的悲欢离合，茨维塔耶娃除了形诸诗歌，也仿佛并没有过深地分析。

但是这一次，在婚后，在她已经了解了男女之爱以后，遇到索菲亚·帕尔诺克，茨维塔耶娃的感觉很清晰：她就是爱上她了，爱得很疯狂。在茨维塔耶娃一生所有过的爱情中，这也许是最能吻合她的幻想与激情的一次相爱。从 1914 年 10 月到 1916 年年初，这段炫目而短暂的爱情因其太深入，而给茨维塔耶娃的整个生命和著作留下了难以磨灭的痕迹。

索菲亚·帕尔诺克是一位天才诗人，也是独立的文学批评家。无论是个性的强烈还是耀眼的诗歌天赋，索菲亚·帕尔诺克都是为数不多的堪与茨维塔耶娃比肩的人。这次命中注定的相遇，令茨维塔耶娃感到某种接近绝对的狂喜。悲情而有力的索菲亚·帕尔诺克，高大强壮，言辞尖刻,表情忧伤,有着深邃的黑眼睛,高高的前额,和茨冈人的苍凉嗓音。高个子,高前额——此后,在茨维塔耶娃爱过的每一个女人身上,这个属于索菲亚·帕尔诺克的醒目标记,几乎都可以找到。索菲亚·帕尔诺克那种带有雄性特征和悲壮气质的浪漫,"既不是女性也不是男孩"的人格,是茨维塔耶娃失去母亲之后一直寻求的庇护,是她自幼年时代起就梦寐以求的、可以协同叛逆的"鬼魅":

美不曾因夏天而枯萎!
你不是小花——是钢铸的茎秆
比恶更恶,比锐利更锐利
你从哪个岛屿上——被载来?

那是萨福的岛屿,天才与同性恋的岛屿。萨福的诗行有如丘比特之箭,射穿了这一对疯狂的写诗的女人。她们在俄罗斯古城罗斯托夫的著名古老修道院和教堂里过夜。她们一起游荡,到科克杰别尔的黑海海滩,到白俄罗斯的温泉区圣山。因为迷恋,茨维塔耶娃甘愿扮演起用人的角色。

这场萨福之恋似乎具有了塑造性灵的力量。茨维塔耶娃创作于这个时期的组诗《女朋友》,以极简的表意、省略的韵律和独创的句法,形成了独树一帜的风格。其中关于索菲亚·帕尔诺克的组诗,是她所有的诗作里最浓情、最昂扬地颂赞身心欢愉的篇章。

索菲亚·帕尔诺克用了大量的笔墨阐述茨维塔耶娃的诗作。批评茨维塔耶娃的人很多,但也许很少有人如此深切地潜入那些诗行的内部,看到过其中的梦想与幻灭、欢乐与悲痛,更极少有人洞悉其中的青春、激越、命运与永恒。

也许,唯有爱了,一个人才可能呈现如此丰富的生命色彩;也唯有爱着，一个人才可能真正感觉到对面的这个人试图隐藏在面容和话语背后的一切。

初次相逢，茨维塔耶娃就觉察到索菲亚·帕尔诺克身上那种不可思议的特质，那种"令人心醉神迷的诱惑"，以及迫人坠入"阴森厄运"的魔力。茨维塔耶娃知道这是一份"在开始前就已结束"的情感，注定了不能持久。初次相遇她就在呼喊："……我前额饱满的恶魔，/永别了，我要对你说。"

命中注定，逃无可逃。她还是陷入了一场惊心动魄的爱情："一种说不清的博大情感，/今天在心中消融。"

这强烈的情感中饱含了冲突。索菲亚·帕尔诺克是一个纯粹的同性恋者，而茨维塔耶娃有自己的丈夫和孩子，而且，她也爱男人。辗转于埃弗伦和索菲亚·帕尔诺克之间令她焦虑。这样两个在生命里同在的人，对于她分别意味着安全和梦想，既不能取舍，也难以两全。

在圣山上，茨维塔耶娃给埃弗伦的姐姐写信：

我非常不安和焦虑……我终生热爱谢辽沙，他是我的爱人，无论何时，无论何地，我都不会离开他……他知道我所有的生活，尽管我尽量少谈及最悲惨的部分。在心里——永恒的负担。我怀着这心事入睡和醒来。

索尼娅很爱我，我也爱她——这是互相的，我不能离开她，由于非得分手不可的日子而遭割裂。

快乐——简单的快乐——一般来说任何时候我都没有，这不是我的特性。我没有——深刻的快乐。我不能承受痛苦，也不能不承受痛苦……

索菲亚·帕尔诺克也感到了不安。她似乎预感到了，要不了多久，茨维塔耶娃就将舍她而去。圣山时期，她的诗作里充满了畏惧——对即将到来的分离,对难以避免的痛苦,对隔膜与死亡。

1915 年年底,两人应邀到彼得堡参加一个文学晚会。但是索菲亚·帕尔诺克借口头痛,躲在自己的房间没有露面。就在那个晚上,茨维塔耶娃见到了曼德尔斯塔姆。回到莫斯科不久,曼德尔斯塔姆登门拜访——显然他已经在恋着茨维塔耶娃。索菲亚·帕尔诺克大约是觉察到了这桩已经秘密发生的恋情,茨维塔耶娃送走曼德尔斯塔姆不到三天,就在索菲亚·帕尔诺克的床上看到了另一个女人,一个曾与索菲亚·帕尔诺克生活了多年的女演员。

情感的移转一般不会这么迅速。她们彼此都清楚,但是,形式上她们都有了别人。这究竟是移情别恋还是含有醋意的自我卫护,难以严格地甄别。确凿无疑的一点是,她们的个性都很强烈,都喜欢强人所难。再相爱,纵然爱到刻骨铭心,纵然会由于这一次的失去终生抱憾,她们也不愿意低头,不愿意因对方的辜负贬损自己,甚至不愿意在转身的速度上输给对方。太在意,才会故意呈示不在意。太在意,才会故意呈示背叛。仿佛唯有背叛,才可以抵制、击溃对方的辜负。

诀别到来的时候,此前的倾诉仿佛都化为谶语:

茨冈人热衷于离别!
相会不久——又匆匆分离,
我用双手托着前额,
凝视黑夜,陷入沉思:
任凭谁翻遍我们的信札,
没有人能明白内中真情,
我们如此背信弃义,却意味着——
我们又如此忠于自己。

人世间还有更遗憾的事情吗？分明情投意合，分明无可替代，可是，由于太过强烈的自我作梗，越爱也就越苛求。爱的强度没有造成彼此的容纳，却激发出根性里最具有打击力和毁灭力的刻薄与傲慢。

那样的分手就像一次决斗。她们剑拔弩张，以最斩截、最便利的方式，几乎同时出手。

射向情人的箭镞，总是以分毫不弱的力量回弹。伤了，痛了，但她们谁也不曾察觉，其实并不是曾经相爱的那个人，而是自己，造成了自我的巨恸。

在我俩之间躺着一把双面刃。
誓言将在我们的思想里生存……
但是热情的姐妹在这里！
但是兄弟般的激情在这里！

是如此一个混合物
风中的大草原，和嘴唇吹拂中的
深渊……剑，拯救我们
远离我俩不朽的灵魂！
剑，摧折我们又刺透我们，
剑，处死我们，但是懂得，
有如此极致的真理
存在，如一片屋顶的边缘……

双面刃在播种不和？
它也将人们聚拢！在海岬开凿一个洞，
将我们聚拢，恐惧中的守护者。

伤口插入伤口,软骨刺入软骨!

(听!如果一颗星在陨落……
不是为了一个,从船上坠入大海的
孩子的许愿……这里是海岛,
为每个人和每份爱情的海岛……)

一把双面刃,倾入
蓝色,将变成红……我们撒按
双面刃插入自身,
最好是倒下!

这将是个兄弟般的伤口!
以此方式,在群星下,没有任何
罪恶……仿佛我们两个是
两兄弟,被一把剑焊接!

真的是痛切啊,这样的丧失。这被茨维塔耶娃称为生命里"第一个大灾难"的分离,令她有些失重。顿时,她从狂喜的巅峰跌落,成了"孤独无依的流浪者",成了"一艘沉没的航船"。

在伤口以后还会有什么?茨维塔耶娃幻想着生命终端的谅解:

那一天将临——我死去,你也会死去,
那一天将临——我明白,你也会明白……
在告别的日子,它把不可逆转的
时间,还给了我们。

爱情的双面刃,割痛的往往不单是一个人。

与此同时,索菲亚·帕尔诺克创作了组诗《失眠》。从 1916 年 4 月,一直写到 12 月。她欲以《失眠》向一种爱恨入骨的存在致意。但是在《失眠》里,那个人佚名。

事实上,与无数失败的爱情一样,这桩爱情也留下了无可解决的后遗症。在茨维塔耶娃这里,与索菲亚·帕尔诺克的过往成为无法抚平的创伤,成为生命中不能承受之恒在,成为又一桩要执意回避和抹杀的事。久久不能平息的痛苦加深了敌意,刻骨的情感造成了刻骨的伤痕。此后,茨维塔耶娃矢口否认索菲亚·帕尔诺克在她生命中的重要性;此后,茨维塔耶娃有过许多同性之间的相遇,但她条件反射般地浅尝辄止,再也不敢令情感臻于极端。

原谅的日子曾经来过吗? 来过。

1929 年,索菲亚·帕尔诺克在写给另一个玛丽娜——玛丽娜·巴拉诺维奇——的诗歌里,曲折地提及早已音讯暌隔的旧爱。也许是玛丽娜这个名字令她又一次想到茨维塔耶娃,也许她竟是一直不曾忘怀:

蛇的狡狯与湿滑的小路
是这般阴冷……但我原谅了她。
我爱你,并通过你,玛丽娜
认识了你的同路人。

只是,敌意已经成为她们彼此相思的方式,敌意遮蔽了双眼,因而,在索菲亚·帕尔诺克生前,这原谅不曾被看到,更不曾被呼应。

1933 年,年仅四十八岁的索菲亚·帕尔诺克去世。1934 年,茨维塔耶娃写下《致亚马逊人的信》。阅读这篇随笔,我几乎可以确定,茨维塔

179

耶娃处心积虑地编织的母性神话，并非如人们所说的意在摧毁生命中这段最痛切的经验，而是要捡拾、修补、重构。

关于这段过往，她需要一个终极的安抚，一个能够令自己回心转意的足够深刻的理由。她找到了，是母性。二十年前，与索菲亚·帕尔诺克的分离曾经重复了母亲在整个童年给她造成的痛苦；如今，依然要由母亲——另一重意义的，兼有肉体的和精神的母亲，来解释这无限的冤屈。就像她二十年前曾经梦呓般的咀嚼的理由一样——

> 在那些日子你如同母亲，
> 每夜我都能呼唤你。

没有孩子——她说，如果女性之间的爱是注定的，那么，没有孩子是"唯一的缺陷，唯一易受伤的地方，两位相恋的女性完美统一的唯一缺口"，虽然这并不减弱爱情的美与诗意，虽然这令人更觉椎心：

> 哭泣着的柳树！无法安慰的柳树！柳树——女性的灵魂和外貌！无法安慰的柳树的脖子！垂到脸上的灰白的头发，只为什么也看不见。灰白的头发扫着大地的面孔。
> 水、风、高山、树木让我们了解到深深隐藏着的人类的灵魂。当我看见绝望中的杨柳，我懂得了萨福。

在一切归于尘土之后，敌意仿佛终于坍塌。

逝者如斯夫，万物皆成隐喻。她心里有没有悲痛或遗憾？不知道。那句话，可以理解为痛心疾首，也可以理解为自我欺哄："要知道，她已经为我而死——在二十年前！"

三 作为诗人,还是作为女人

埃弗伦说得没错,在大部分情况下,茨维塔耶娃的确像需要柴火一样渴望着爱人,男人或者女人。这渴望极度自我、主动,从来不顾及对方的感受。只要她需要,她就攫取、吸噬。另一种情况下,她却完全在扮演某种英雄和牺牲者的角色,仿佛她要通过一场爱情,去燃毁堂吉诃德的伤口与失败。茨维塔耶娃总是一见钟情,她爱上一个人仿佛只需要一秒钟。她的爱意激烈、嚣张,以至于那种强度常常会令人感到恐惧,想要逃跑。

在帕尔诺克之后,茨维塔耶娃有过昙花一现的爱情,但绝不像传说的那么泛滥无度。她的题献,以及诗句中貌似描述"爱情"的字眼,常常成为推测的依据。

1916 年 7 月,茨维塔耶娃把《由于冰冻,道路吱嘎作响》题献给尼克迪莫斯·普鲁斯特·萨尔纳,并且声明,从那个时刻起直到《里程碑一集》结尾,所有的诗都献给他,因为她说过,"只有他成功地爱上了我",所以,在人们看来这似乎又是一桩艳遇。但这首诗写的并非爱情,而是生命与死亡:

> 由于冰冻,道路吱嘎作响,
> 拥着庄严的银色的孩子,我路过。
> 到处——是雪,到处——是死亡,到处——是梦。
>
> 在树丛中,银色的箭,
> 我曾经拥有过名字,

曾经拥有过躯体,但一切——不是已成云烟?

我有声音,热烈而深邃……
人们说,这个蓝眼睛白釉皮的孩子
——就是我的。

路上的行人没有谁知道,
很久很久以前,我已经
看透那个巨大的梦。

　　诗歌呈现的是不确定、模糊、梦呓、渴望、幻觉,而非实在。所以,诗人的生活可以作为理解诗歌的辅助,但是诗歌却不可作为诗人生活的证据。事实上,较之于诗歌,茨维塔耶娃的随笔和书信乃是她情感轨迹的更为确切的参考。因为经过了时间的淘洗,她的随笔更节制,也更深邃。比较茨维塔耶娃的诗歌与随笔,我更加由衷地赞同帕斯捷尔纳克曾经说过的话。为什么他最终放弃了诗歌而开始写作诸如《安全通行证》、《日瓦戈医生》这样的作品?帕斯捷尔纳克说,那是为了偿还一个作家对同代人巨大的负债,因为时代正处于严酷的时候,作家有责任表明立场。他说,陀思妥耶夫斯基和托尔斯泰之所以声若雷霆,是因为他们"有话要说"。在这个意义上,他认为自己的随笔和小说"更丰富,更人道","比那些早期的诗作更有价值"。帕斯捷尔纳克断定:"我相信抒情诗已经不再可能表现我们经历的广博。生活变得更麻烦,更复杂。在散文中我们能获得表达得最好的价值。"
　　尽管茨维塔耶娃认为自己的诗歌是飞翔,随笔是散步,但是,我喜欢她的随笔远胜于喜欢她的诗歌。这样的感觉当然也与诗歌在不同语种之间的不可译性有关——我常常发现,茨维塔耶娃的同一首诗歌,经过不同的人翻译，竟然会变成主旨和风格完全不同的两首诗，三首诗，四首诗……我还是相信，她后期的随笔表达了更为确切、完整，也更为深刻的自我。

茨维塔耶娃的一生中出现过许多诸如萨尔纳的友人——偶遇，在某个短暂的时间段内有过密切交往，但时过境迁即被淡忘。除了个别的交往保持了一生，大多的人与事，在她只是经过。茨维塔耶娃的情感模式是重锤式的，击打的时候用力猛烈，但是，击打一阵也就放下了——无论友谊还是爱情。因此她曾被指责对朋友无情。但是这些过眼烟云般的际遇，却大多在她的文字里留下了痕迹：

——剧本《索涅契卡的故事》里，出现了1917年冬到1919年之间在她身边的人——诗人和演员帕维尔·安托克里斯基，其朋友尤拉·扎瓦茨基，女演员索尼娅·霍利杰伊，男演员沃洛佳。她为他们写过《暴风雪》等五六个剧本。

——长诗《少女沙皇》和《骑在红马驹上》分别题献给1920年她交往密切的画家尼古拉·威舍拉斯夫采夫和诗人叶普盖尼·兰恩。前者曾经为她画像，在他的笔下她表情凄厉，像一个女鬼。后者，据说年轻英俊，令她着迷。

——1921年，因为与鲍里斯·别撒拉波夫的交往，后者被认为是与她有着"无性之爱"的情人；而出现在《手艺》中的公爵谢尔盖·沃尔康斯基，则被视为茨维塔耶娃的单恋。1922年6月，在柏林，茨维塔耶娃遇到了出版人阿布拉姆·维什尼亚克；1923年，邂逅文学批评家亚历山大·巴赫拉赫；1924年出现在她身边的斯洛尼姆……他们皆在她的信件里出现，因而被认为有着"书信罗曼史"。这种推测，甚至及于1936年出现在《致孤儿的诗》中的阿纳托里·斯泰格尔。

诸如此类，我不能说它们全部是穿凿附会，但至少，这些捕风捉影的说法与茨维塔耶娃的情感风格有些不对位。她的确是喜欢爱情，她的确是激烈,如火如荼,但是,爱情毕竟不等于嬉闹,在她而言,嬉闹是下流可恶的。对于爱人,男人或者女人,她怀有赤子般的渴望,她要爱,要爱得"简单"、"清洁"、触及灵魂。这一点,直到终老都没有改变。

> 我要从所有的土地,所有的天空夺取你
> 因为我的摇篮是森林,如坟墓的森林,
> 因为我在大地上——以单腿站立,
> 因为我歌唱你,我对你的爱慕无可比拟。

但在帕尔诺克之后很久,新的爱情有如候鸟,春天来了,秋天去了,却少有人能够吻合她的情感理想:"公主在人间无缘遇见王子,/在人们看来她有如神秘的花——/ 人们的世界比不上你的小拇指/ 以及你锋利的指甲!"

贪享不对等的情感有如渴饮海水,只能令人更干渴、更绝望,令人疯狂。在不断找寻的道路上茨维塔耶娃越来越清晰地意识到自己在情感世界里的失败,接下来,她只能从这个失守的阵地上逃离。

1920 年夏,茨维塔耶娃写下浩浩长诗《少女沙皇》,她借助一个民间传说,实现了逃遁。少女沙皇的情敌是皇子年轻的继母。继母向魔法师求教,学会了鲜血注射,使皇子每当计划与少女沙皇会晤时都会酣睡。于是,少女只能在皇子酣睡时看见他,皇子只能在梦中看到少女。这"不曾会晤"的会见,被魔法施加的阻隔,令少女意识到自己的努力均告失败,于是,在最后一次与入睡的皇子会见时,她折剑自杀,给王子留下一张字条:

> 我不在任何地方。
> 我消失在空虚之地。

谁也不曾追上我。

什么也不曾扳转我。

　　既然爱情注定了是无力的,既然爱情总是被"第三种因素"所左右,那么,她选择脱离生命投入虚幻之地。但这是什么地方,竟可以盛放如此沉重的梦想呢?紧接着,茨维塔耶娃以五天时间完成了长诗《骑在红马驹上》。这是一次深彻的自我分析。在失去自己的世界——失去母亲,失去孩子,失去爱情,失去信仰——之后,她再没有别的可以失去,也没有什么可以担负自我解救的重负。这时候她一再听见骑士冷酷的声音:"我为你敲碎了它!解放爱情!"她听见一个苍老的声音在提醒她一个事实:"你的天使不爱你。"那么,她向作为女人的使命缴械投降了。她要弃绝自我,从女人的角色和痛苦里解放自己,改变生活的基点,投入另一重身份——作为天才,作为诗人,投入责任与灵魂的事业。

　　不能不说,这一次自我清理,直接导致了柏林和布拉格时期的创作大爆发。从1922年到达柏林,到1925年离开布拉格前往巴黎,不到四年时间,茨维塔耶娃创作了大量诗歌并出版了诗集《离别》、《致勃洛克组诗》、《普绪刻》、《手艺》,长诗《山之歌》、《终结之歌》、《少女沙皇》、《骑在红马驹上》、《捕鼠者》。这个时段的诗歌创作,无论从内容还是从形式上,都有着卓越的进步。它们标记了她的反省与放弃、妥协与重建,也奠定了茨维塔耶娃作为俄罗斯以及世界性诗人的地位。这一点,仿佛她也预见到了。在1919年的某一天,茨维塔耶娃写下了另一首颇具预言意味的诗歌——《致一百年以后的你》:

　　一百年后,亲爱的,我们将在哪里邂逅

　　在古老的江南小巷,还是在荒凉的西北大漠

　　那时候,我将献给你一束诗歌的玫瑰

茨威塔耶娃的标志性头像。摄于布拉格时期

还是捧一掬滚沸的汁液，我一百年不肯冷却的血

一百年以后，亲爱的，你是否还能认出我
在旧世纪的群星中，总也不肯坠落的那一颗
那时候，你是否还能分辨我的光辉
呼唤我越过银河，飞临你的星座

一百年以后，谁能轻轻拂去尘土
坐下来，好奇地阅读这些已逝的诗句
谁还能够去想象，这是从一场什么样的相爱
从怎样深厚的土壤里开出的命运的花朵

一百年以后，谁还能够理解：爱着
就是甜蜜的痛苦，就是无休无尽的思念的长夜

毕竟，爱与诗是不能分离的。骑士的告诫——放弃爱情，选择诗
歌——只是她的假设。"诗歌以星辰和玫瑰的方式生长"，星辰与玫

186

瑰——梦想与爱情,正是这人世间最深刻的浪漫浇灌了诗歌。1922年,当茨维塔耶娃从俄罗斯来到柏林,先后遇到了阿布拉姆·维什尼亚克、亚历山大·巴赫拉赫和康斯坦丁·罗泽维奇,于是,两年前宣布放弃爱情而归于诗人的茨维塔耶娃,又返回女人的天性。

分别几年之后埃弗伦已经变了。他已经不再能给她当初的信任和理解,甚至不再能给她必要的注意。他依然是她的义务、她的"儿子",是她生命中所有爱与痛苦的见证,但已经不再是她的灵感。她到达柏林是为了与埃弗伦在一起,但后者半年之后才离开布拉格来柏林看望她。那时候,她已经爱上了阿布拉姆·维什尼亚克。

阿布拉姆·维什尼亚克是一位出版人,年轻,俊朗,性感。她称他为"赫利孔山"——他的出版社的名字。赫利孔山很喜欢她的诗歌,为她出版了诗集,并由诗歌迷上她。赫利孔山的爱情有着典型的犹太人风格,温存,野性,但又坚决。遇到他的时候,茨维塔耶娃感到自己仍然处于两年前就开始的情感雪藏之中,"这样的不同,这样的冷峻,这样的冰冷"。尽管她清楚这是一场精神不对等的相遇,但是,赫利孔山滚烫的追求还是令她躲身其中的冰窟迅速融化,令她心软,"更像人,更像女人,更为驯服"。不错,就是肉体吸引了她。他"肤浅、无忧而轻浮",但身体以最为质朴的方式触动了她,比曾经有过的心灵倾慕更深刻地触动了她:"不要以为我蔑视你朴素的个性。我爱你的一切,你的眼神,你的微笑,你的癖性,你的懒洋洋——天赋的,自然的——你阴暗的心灵:充满了善意,充满了同情,充满了自我克制。"

在身体和心灵之间其实并没有严格的界限,区分一桩爱情是身体的或者心灵的,是由于当局者的不满,茨维塔耶娃说,两种情况都是"忍耐多于热爱"——就是说,有缺憾的爱情,灵与肉,无论缺的是什么,都会令她感到是负担。

身体吸引,这"茌弱的世俗之爱",因为显在的局限,注定了不会长久。在相爱中茨维塔耶娃曾幻想着改变他，使他领略比性爱本身更崇高、更深刻的情感。但是，她意识到这纯属异想天开——他就是他，赫利孔山，一个连十岁的阿利娅都觉得"没有什么灵性"，仅仅需要舒适的人。她的期待对他而言过于巨大，令他感到压抑。"我记得你，在阳台上，你的脸朝着漆黑的天空，铁石心肠地面对一切"——他对她最深刻的记忆，竟是这样。

与帕尔诺克曾经突破她的防御一样，这个男人以肉体之爱突袭了她。而她脱逃的方式，也与当年逃离对帕尔诺克的眷恋一样——当时她的理由是，由于不能生育孩子，同性恋没有意义。现在，她为自己找到了更强大的理由：没有整个灵魂的参与不可能让异性恋持续下去。

1923 年，诗集《手艺》在柏林出版。时年二十三岁的文学批评家亚历山大·巴赫拉赫迅速发表了评论。他称她为"诗人"而非"女诗人"，因而令她感到欣慰。阅读了巴赫拉赫的评论后她开始与他通信。由诗歌爱上诗人是不是自然而然的事情？信中，巴赫拉赫在谈论她的诗歌，但也显然在向她示爱。她最初是拒绝的，因为她觉得自己太老了，她称他为"我的孩子"。那时候她已经到了布拉格，巴赫拉赫邀她去柏林一聚，但她没有去。切近的相爱让她对自己产生不满，她想保留必要的距离。不久，巴赫拉赫痛苦地发现，她似乎爱上了别人。

茨维塔耶娃爱上的是罗泽维奇，一个风度翩翩、谈吐风趣的前俄罗斯白军军官。对于茨维塔耶娃来说，这次爱情的诱惑力在于俗常。罗泽维奇突破了她一贯的"母亲"角色、保护者角色，也突破了她作为著名诗人被恋慕的惯例。罗泽维奇在四十年以后为她画过两幅肖像。一幅是头像，她双眼闭合，表情整个是低垂的；另一幅是坐着的全身像，她神情温顺，左手持杖，右手腕上戴着她著名的绿松石手镯，手里拿着一枝野花。唯有在罗泽维奇眼里她才会是这样的——很女人，很驯服，安于一个男人的宠爱。他不以她为诗人，而以她为一个有正常的性需要的寻常女

罗泽维奇在 20 世纪 60 年代为茨
维塔耶娃所作的画像

人。更为纯粹的男女之交,使她更多地安于自己的本质——女人,恋爱
中的女人。

　　但是,罗泽维奇却没有得到同样真实的对待。茨维塔耶娃的幻觉又
一次开始作祟,她在神化这个男人,完全没有意识到这对他意味着压
力。他请求她过一种普通人的生活,他渴望的是普通人的幸福——婚
姻,妻子,一个家。但她在写给他的诗歌里,却如此声明:"我不想在女人
身体的篮子里/伫候死亡的时辰!"(《生命的列车》)在另一首无题诗里她
写到热情,她写到热情突破身体,超越平庸的生存局限而触及神圣;她
的爱很高,来自高空,有如诗歌的灵感。

　　简直无可救药——这是茨维塔耶娃一贯的爱情,她习惯于建立一
个幻象,将之赋予某个正在相爱的人,她从幻象那里看见她所渴慕的、
在实在的人身上总是难能完善的特质——精神、美德、高尚的爱,而完
全不在意对方的真实。在这样的压迫下,不信邪的罗泽维奇也感到了心

虚。他恐惧于耽溺在这个被夸张和涂饰的自己中,他知道自己"根本没有她心中所想的那么伟大",他"不能活得像个神话"。他选择了退却,那是又简单又决绝的退却——他迅速和一位神父的女儿结了婚。

直到那个时候茨维塔耶娃的骄傲也没有稍有减弱,她极尽刻薄地嘲弄男人的堕落:

> 与一个平庸的女人生活
> 您感觉怎样?
> ……
> 您与这样的货色一起生活
> 怎样? 代役租——是否苛刻?
> 领略过喀拉拉的大理石之后
> 您如何和石膏碎屑
> 一起生活?

进而,她嘲弄曾经沉湎其中的爱情——那纯属欲望作祟的爱情:

> 仿佛在下摆中扛着一座山——
> 完全是身体的痛苦!
> 借助身体的痛苦,
> 我领悟爱情。

> 借助任何一道雷电,
> 仿佛我内心的田野已被灼蚀。
> 借助别人的远方和自己的
> 近处,我领悟爱情。

仿佛有人在我内心掘开

一个洞穴，直到漆黑的底部。

借助脉管，我领悟爱情，

完全是呻吟着的

肉体。过堂风像马鬃一样

吹拂着匈奴人：我借助最忠实的

喉咙的嘶哑，领会

爱情，——喉咙要隘的

锈迹，活的盐。我借助缝隙领悟爱情，

不！——我纯然借助

身体的战栗！

不要低于你自己，要善于不做——这是茨维塔耶娃在连绵不绝的痛苦中给自己的信条。每当痛苦的分离迫在眉睫，她都会保持僵立的姿态，不回过头去，不呼喊，不讲和。这姿态是童年时代就植根于心中的塔基雅娜的骄傲：勇敢而自尊，多情而坚毅，温柔而犀利。彼时，普希金笔下的奥涅金与塔基雅娜——那第一个爱情场景决定了茨维塔耶娃后来的姿态："如果说我后来在一生中从来都是先写信给别人，先伸出手去，或者不怕别人议论而把双手都伸出去，那只是因为在我朝霞般美丽的童年时代，书本里那躺在烛光下、凌乱的长辫披在胸前的塔基雅娜当着我的面做了这一切。如果后来当别人离开我时，我非但没有伸出手去，而且连头也不转过去，那也只是因为塔基雅娜在花园里曾如一尊雕像般僵立不动。"

这桩最终被茨维塔耶娃以诗歌的方式鄙弃的爱情，又一次印证了她曾经归纳过的规律："创作与爱情不能并存，你要么活在这儿，要么活在那儿。"只是这一次,也许是因为鄙弃,茨维塔耶娃恢复的速度很快。因为她已经看到自我解脱的路径,她熟稔那种最为有效的方式:写作,写诗,不停地疯狂地写诗。爱情与痛苦随即成为源泉,流入两部堪称伟大的叙事诗——《山之歌》和《终结之歌》。俗世的爱情尘埃落定之后,"一切像皮肤般剥落,在皮肤下——有生命的肉体或火焰:我,普绪刻。"

四 肉体是一堵墙

这世上究竟有没有无憾的爱情?茨维塔耶娃认为,有是有的,只不过这是诗人对诗歌的爱情。在人与人之间,与此接近的是灵魂相伴的爱情。排除了肉体纠结的爱情不那么痛苦,而且,因其和煦,所以能够给予人恒在的安慰。这是属于普绪刻的胜利,她曾预言过:

不是冒名顶替者——我回到家,
也不是女仆,——我不需要面包。
我——是你的灵感,你星期天的休憩,
你的第七日,你的第七重天堂。

在尘世间,人们给我一个铜板,
就会将磨盘套在我颈上。
——亲爱的!——难道你已经不能辨认?
我就是你的飞鸟——普绪刻!

……

我破坏一切,撕碎一切,——

只剩下一对翅膀。

1915 年的夏天，茨维塔耶娃与奥西普·曼德尔斯塔姆相遇。但他们的交往却是从 1916 年 2 月开始的。关于这段短暂的交往，她称为"从 1916 年 2 月到 6 月的美好日子"。但它究竟是什么性质，可谓众说纷纭，莫衷一是。

在两位诗人之间并没有寻常所谓的风流韵事。其时，由于和帕尔诺克的感情受创，茨维塔耶娃心中伤痕历历，她还在缅怀和那个"天赐的人"——与帕尔诺克共度的那些"太阳不落的日子，不夜的日子"。

1916 年夏，曼德尔斯塔姆到乡下探望在那儿消暑的茨维塔耶娃。茨维塔耶娃每天带着他到墓园散步，但曼德尔斯塔姆像个孩子，"不写诗，在世上就坐也不成，走也不成——活着也不成"（茨维塔耶娃《一首献诗

诗人曼德尔斯塔姆

的经过》),在家里的时候他想出去散步,外出的时候他想回家。所以,有一天, 当他突然提出要回克里木的时候,茨维塔耶娃一点也不感到惊讶。当他说出"这一切也该结束了"的时候,当火车已经启动他却在大喊"玛琳娜!我也许做了一件蠢事……我是多么不愿意回到克里木"的时候,玛琳娜·茨维塔耶娃,她一点也不感到惊讶。

如果那是爱情,那么它更多的是精神意义上的倾慕——称之为诗意或浪漫也未尝不可。

后来,这短暂的共处出现在他的短诗——《不相信复活的奇迹会发生……》中。他写到曾吻那个带有标志性的前额和戴着绿松石镯子的手腕,写到他在她的面貌和神态中看到的奇迹,比如她的肤色,她对于耶稣像的爱与谦卑:

在黑色的、轰鸣的大海岸边,
中断了俄罗斯的疆土。
我们在墓园里踱来踱去,
不相信会有复活的奇迹发生。
你可知道,无论走到哪里,
土地都会让我想起那些丘陵。
……
你那么快晒成了一个黝黑的女人,
你来到了救世主的教堂。
你不停地亲吻,
你在莫斯科原本是高傲的女人。

这恋慕曾被不止一次地曲解和俗化。多年以后,茨维塔耶娃气愤于一篇丑化曼德尔斯塔姆以及这次聚首的所谓评论,不得不以随笔《一首

194

献诗的经过》来"为往事辩护"。

正如茨维塔耶娃所说,"一个诗人并非常常因为另一个诗人而得到灵感"(《一首献诗的经过》),作为气质迥异的两个人,他们之间有距离与隔阂;但在某些时段,某些瞬间,诗意依然在两个天才诗人之间建立了异于世俗的深情:"再没有人能够目送你,/如此温存, 如此痴情……/穿越数百年的距离,/我给你我的亲吻。"

茨维塔耶娃前后有九首诗作献给曼德尔斯塔姆。匪夷所思的是,其中一首,竟预言了二十年以后"大清洗"时代施加于曼德尔斯塔姆的悲惨结局:

他们用光裸的手攫走你——活泼! 敏捷!

你响亮的喊声将充斥着整个晚上

他们将把你的翅膀撕扯成整整四个风块。

六翼天使——小鹰! ——

1934 年,曼德尔斯塔姆因诗作《斯大林警句》而遭流放,1937 年刑满释放, 在莫斯科边缘的小镇短暂生活了近一年,1938 年再度被捕,被发配至海参崴,1938 年 12 月 27 日死于前往海参崴的中转站。那一夜天寒地冻,脆弱的曼德尔斯塔姆痛苦难当,不禁发出阵阵呼号。诡异的是,他临终的喊声,居然在二十年前,就在茨维塔耶娃的诗行里出现了。

并非关乎情欲。在遗憾于爱情中灵魂的缺席时,她不禁惊呼:"诗人啊,诗人! 你才是女人真正的情人!"

蒙田说,爱情就是身体得以分享的精神友谊。这正是茨维塔耶娃一直追求的情感理想——兼容生活的本质与灵魂的本质,兼有身体和谐与心灵相通。当理想被实际发生的情感失败一再践踏的时候,茨维塔耶娃就把爱情进行了区分:一种爱情——身体的,在这样的爱情里她只是女人,只局限于身为女人的天性;另一种爱情——灵魂的,在这里她是她的全部。

一如她曾经献给勃洛克的诗句里写到的另一种爱情,所有的拥有者都应该引以自豪:"那么,心灵,哭泣和赞美吧! /你的哀号究竟是——第几千次? /尘世的爱情在猜忌。/另一种爱情——因为合唱而欢欣。"

1922 年 6 月 27 日,爱伦堡为茨维塔耶娃转来帕斯捷尔纳克的信。他们曾在莫斯科有过一面之缘,聆听过彼此的朗诵,但因为分身不暇,并没有什么交往。1921 年,茨维塔耶娃的《里程碑二集》在俄罗斯出版。次年,读到这本诗集的帕斯捷尔纳克竟难以抑制地大声朗读,直至情不自禁地啜泣。他"立刻被她的诗歌中发自个人经验的巨大抒情力量吸引了",随即便辗转寄来这封信,向她表达自己的敬慕。

诗人帕斯捷尔纳克

帕斯捷尔纳克的感动与赞赏是由衷的。三十多年之后,当帕斯捷尔纳克获得了诺贝尔文学奖,当被问及在他的同代人中谁的写作最经久不衰时,年届古稀的帕斯捷尔纳克不胜感慨地说:"我把茨维塔耶娃置于最高处;她开始就是个成型的诗人。在一个虚假的时代她有自己的声音——人性的,古典的。……她力争并达到一种完美的透明。与我赞赏其朴素与抒情性的阿赫玛托娃相比,她更伟大。茨维塔耶娃之死是我一生中巨大的悲痛之一。"

读了帕斯捷尔纳克的信,茨维塔耶娃回复说,她记得他们在莫斯科的相遇,但遗憾的是,她还不曾读过他的诗歌。也许是来不及读——当时,帕斯捷尔纳克的第三本诗集——《生活,我的姐妹》,在茨维塔耶娃离开俄罗斯前后才得以出版。

《生活,我的姐妹》很快寄到茨维塔耶娃手里。这是一次废寝忘食的阅读。她感到这样的诗歌有如骤雨,把她淋了个湿透。她立刻写信告诉帕斯捷尔纳克,他的诗歌令她感到谦卑:"您绿色封面的书就放在我的膝盖上(我坐在地板上)。我在这儿过了十天——在波浪的顶峰上:我屈从,不曾呛气。"7月,茨维塔耶娃专门为这次阅读写下随笔《光的骤雨》。尽管只有过一次见面,但她回忆起他们在莫斯科的相遇,却留下了比任何描述都更传神、被尊为范例的帕斯捷尔纳克肖像:"他的脸既有着阿拉伯人又有着阿拉伯种马的特征:警觉,倾听,——随时准备一跃而起——大大的如马一样的粗野而羞怯的斜眼(不是眼睛,是窗子)。他给人的印象是,总在倾听什么。——突然——打断了通常是冲口而出的说话:就像是悬崖或橡树在讲话。"

事实上,随着相互通信的日渐频繁,他们之间的相知已经渐渐成为彼此诗歌创作的重要源泉。《终结之歌》出版后,帕斯捷尔纳克对茨维塔耶娃表现出的创造性和情感烈度深表震惊。作为已经富有盛名的诗人,极少别的诗歌能够给他带来如此颠覆性的感受,以至于他自己的创作题材和风格也深受影响。随后,他的《高烧》、《1905 年》、《施密特中尉》等一系列历史题材的长篇叙事诗先后创作出版。

这两个人之间有许多相似。在情感方面,茨维塔耶娃虽然有过为数不少的恋情,但一直都没有关注对方个性的习惯,因而并不很理解男人;用阿赫玛托娃的话说,帕斯捷尔纳克也"从不真正了解女人"。但这样的隔膜在他们两个之间却不存在。茨维塔耶娃对物质生活,乃至对人的物质外壳的蔑视是有理由的,因为人的局限、磨难、不自由、失败、痛苦与绝望,人与人之间难以突破的隔膜,并不是因为别的,而是由于肉体的禁锢:

奇迹在消逝
我们不去认领。
在肉体中——仿佛在沼泽中,
在肉体中——仿佛在墓穴中。

在肉体中——仿佛在偏僻的
流放中。——它在凋萎!
在肉体中——仿佛在秘密中,
在太阳穴中——仿佛在铁面具的
桎梏中。

有人告诫她放弃爱——就像骑士曾经告诫的一样,说,这样做你将自由。那么,是否不这样,是否听凭自己陷入爱情,就意味着不热爱自由?其实,限制人的自由的何止于肉欲;更本质地看,人与人之间的不自由,是爱,是对于他人的热情。有如她献给帕斯捷尔纳克的"玛鲁沙的传说"所昭示的,热情往往需要牺牲,需要自毁,甚至需要以罪孽为条件。

所以,在帕斯捷尔纳克经历创作危机的时期,她不仅与他相互评述书籍和手稿,分享诗歌与生命的意义,也在极力劝他创作他的大著作。在她看来, 那才是属于他同时也是她理解的自由:"这将是您的第二次生命,第一生命,唯一的生命。您将不需要谁和什么。您将不理会任何人,您将极为自由。"对于帕斯捷尔纳克来说,20 年代的莫斯科显得越来越令人生畏,要坚持自己的立场成为极其危险的事。在孤立无援的处境中,茨维塔耶娃的《捕鼠者》再次给予他内在的力量。捕鼠者——吹笛手,以自己的笛声击溃了贪婪和庸俗、误解与侮辱。这个形象令帕斯捷尔纳克看到了内心掩藏着的自己:"倘若我不曾读过《捕鼠者》,我将轻而易举地顺从自己向现实妥协的生活之路(对于我它已经是必然的)。"那么, 是否可以推测, 如果没有茨维塔耶娃的诗歌与信件,《日瓦戈医生》与《安全通行证》还会诞生吗? 至少,会在那个时代诞生吗?

　　通信渐趋频繁。

　　帕斯捷尔纳克丝毫不掩饰自己的倾慕:"这是生活中第一次强烈体验到的和谐,它如此强烈,迄今为止只在痛苦时才有。置身于充满对你的爱的世界,感受不到自己的笨重和迷惘。这是初恋的初恋,比世上的一切都更质朴。我如此爱你,似乎在生活中只想到爱,想了很久,久得不可思议。你绝对的美。你是梦中的茨维塔耶娃……你就是语言本身,这种语言出现在诗人终生追求而不期待回答的地方。"

　　经由诗歌,经由对生命与自由的体认,他们彼此以最坦率的方式袒露着自我,也在最深刻的程度上理解着对方。相知,从来都不是刻意求得的。相知天然地存在于精神气质类似的人们之间, 有如磁力之于磁铁。在帕斯捷尔纳克身上,茨维塔耶娃不仅找到了她能够爱上的男人,也找到了她能够仰慕的诗人;令她感到可贵的是,她找到了令她既成为诗人也成为女人的男人与知己。只是, 为了避免堕入肉欲,"另一种爱情"需要距离:"我还不曾与他见面,因此我不曾与他分手。"

这滋生于通信与诗歌的深爱,是否让她想起了曼德尔斯塔姆,或者也想起了阿赫玛托娃,还有勃洛克？另一种爱情,使茨维塔耶娃更深刻地体会到独属于诗人的命运——诗人是"与女神争夺上帝,与众神争夺圣母"的人,是消耗人间的积储并将之化为能量的人。诗人有如约伯,因遭到嫉妒而走在承受苦难的漫长道路上，这是诗人的不幸也是诗人的荣耀:

> 诗人——从远处引导着话语。
> 诗人——被话语远远地引导。
> ……
> 他是那个搅乱牌局的人,
> 欺瞒分量和数量的人,
> 他站在书桌后面质问:
> 是谁彻底击溃了康德
>
> 谁在巴士底狱的石棺里,
> 像一棵树在美丽地绽放。
> 那个足迹永远不会变凉的人
> 是一辆众人无法追赶的
> 火车……
> ——因为彗星的道路就是
>
> 诗人的道路:点燃,而不是加温,
> 采摘,而不是培养——是爆炸和摧毁——
> 你的人生之路,披散弯曲的鬃毛,
> 是日历不能预见的道路!

茨维塔耶娃说:"帕斯捷尔纳克拥有活的群山，活的大海——怎样的大海啊！这是俄罗斯文学中自由元素之海后的第一大海，是与普希金的海相似的海。"

其实，诗人的海都是相似的，活的，自由的，无限的。那是对他们身在尘世的痛苦的无上安慰，是普绪刻——蝴蝶或飞鸟的双翼。

五　我与你从未相信过此世的相见

1926 年,帕斯捷尔纳克经由父亲,与自己一直仰慕的里尔克取得了

诗人里尔克

联系。他给里尔克写了一封信,在表达了自己的仰慕之后,向他介绍了茨维塔耶娃,建议他给她写信。随后,帕斯捷尔纳克与茨维塔耶娃之间的两地书扩展为三个人的通信,从1926年春,直到这一年年底里尔克病逝。机缘微弱,几乎擦肩而过。

三位诗人之间的通信意味着什么,其实并不像人们所想的那么俗常与绝对——三角恋,或柏拉图式的爱情。人类的情感是一个混合的整体,并不是可以简单分类的。在精神的意义上,从来也不存在一道截然的界线,在情感与情感之间进行绝对的分割。事实上,越是深度的精神生活,越容易令情感呈现无可归类的特性。关于他们的交往,许多传记作家和评论者给予了夸张与美化。在不足一年的时间里,靠着为数不多的通信,人与人之间的关系可能达到什么刻度?会有后人所描述的那种程度的理解与和谐吗?这始终是值得怀疑的问题。

苏珊·桑塔格刻薄地说,三诗人书简"是神圣的艺术谵妄的一幅画像",由一个神(里尔克)和两个崇拜者(未来的神)参与。但通读他们的信件,又不能不确信,无论是对于诗歌与生命意义的理解,还是情感交流,在他们之间都达到了非同寻常的深度。尖刻如苏珊·桑塔格,也不得不说,出于对绝对孤独和精神同类交流的矛盾性需要,"没有什么能够减弱这些写于1926年几个月之间的通信的白炽性",由于从未有过"这等质量的对话者","他们如此凶猛地向彼此扑过去,做出了光辉的、不可能的要求"。

我也不太能够接受所谓三方通信的说法。事实上,帕斯捷尔纳克与里尔克之间彼此只有一封信,通信很快就成了里尔克—茨维塔耶娃—帕斯捷尔纳克这样一种三点一线的关系,并不是一个三角。从个体角度来说,一切人际关系都是一对一的两人关系,通信关系由于它的非现场性,更是如此。除非是声明性的公开信,一个人不大可能在信件里同时对两个以上的人说话,尽管信件内容可能涉及第三人,正如他们之间的通信那样。每个人都会以自己为中心建立不同方向的人际关系。书信体对话几乎是里尔克随笔的代表性文体。就在他与茨维塔耶娃频繁通信的 1926 年，里尔克也同时持续着与奥地利女诗人、当年二十岁的艾丽卡·米特雷尔的通信。在艾丽卡病逝前不久的赞美节——1926 年 8 月24 日，里尔克向她寄去最后一封诗笺："复元的心更适于居住:/ 因召回而更自由/ 才智更得自在。"

当帕斯捷尔纳克埋怨茨维塔耶娃把他从这样的通信关系里"推开"的时候，尽管茨维塔耶娃觉得这对帕斯捷尔纳克似有辜负，但是，她还是坦率地对里尔克表明自己的想法："我不想要同谋，哪怕他是上帝我也不想要。……一个人不应该去了解另一个人的任何事,这会碍事的。当我和儿子在一起的时候,她,不,那个写信给你、爱你的东西,就不应该在我的旁边。当我和你在一起的时候——也一样,孤独和隔绝。……我无法被分隔。"

因而,我更习惯于不以三方通信的角度去感受他们的关系,茨维塔耶娃与帕斯捷尔纳克,帕斯捷尔纳克与里尔克,或者,茨维塔耶娃与里尔克。

客观地看,这次相遇对于里尔克的意义,与对于茨维塔耶娃,肯定是不一样的。

里尔克基本上是茨维塔耶娃父辈的诗人, 他的写作时间差不多和她的年龄一样长。1911 年秋,在经历过失恋、婚姻和遍及欧洲的游历之后,里尔克应邀住到了杜伊诺城堡。他开始反观他长久地沉湎其中的诗歌的抒情性和客观性。显然,还有更为重要的东西没有表达。他强烈地意识到个体生存中一直未获解决的冲突:作为有限的生命体,在这个世界上人究竟是什么、为了什么、能够达成什么? 从 1912 年到 1922 年,在陆续完成的两部巨著——《杜伊诺哀歌》和《致俄耳浦斯的十四行诗》中,这些问题得到了不同程度的回答。但是,里尔克的健康也被过度的消耗彻底毁坏。1921年,也许是出于对自己身体情况的考虑,热衷于四处漫游的里尔克选择了在日内瓦附近的小城堡穆左定居(次年,他的朋友莱茵哈特买下这座城堡赠给他)。从1923年8月起,他开始需要不断地进入疗养院修养。

里尔克的最后几年,几乎一直在穆左和日内瓦湖的瓦勒山疗养院之间往返。1925年12月,独自在穆佐度过五十诞辰并已写下遗嘱的里尔克再次住进瓦勒山疗养院,直到1926年6月初才回到穆佐。因此,他们之间的第一封信,是在里尔克健康状况恶劣的情况下发出的。这年的11月30日,因肝脏功能衰竭以及白血病,里尔克不得不再次到瓦勒山疗养。三个人开始通信的1926年,他已经感觉到了死亡的逼近:

> 谁,谁会如此爱我,而甘愿
> 舍弃宝贵的生命?
> 甘愿为我坠身于大海,以死相殉。
> 我就会自石像中得到
> 解脱,生命亦将复苏。
> ……
> 是的,我们必须屈从于
> 终极的力量;
> 不羁是我们的问题
> 尽管有无尽的悔悟。
> 其后,它经常如此
> 我们所亵渎的,尽皆改变:
> 寂静化为飓风,
> 深渊化为天使,
> 令我们不再恐惧于空茫。

乐器必须鸣唱，

以便让音乐充溢

一切爱。

12月，在最后一首诗里，里尔克写到一直折磨自己的疼痛："来吧你，你最后一个，我所熟悉的，肉体内无药可救的痛楚。"1926年12月29日，里尔克与世长辞。

这临终的无力，茨维塔耶娃并不了解。时年三十四岁的茨维塔耶娃正精力过人、才华横溢，基本上还没有生命终结的概念。她不曾关注过里尔克一再提到的"重负"——衰竭，疼痛，死亡的威胁。在这样的情况下，她形诸信件的热情当然要比里尔克的强烈得多。

最初经由帕斯捷尔纳克的父亲，帕斯捷尔纳克与里尔克开始通信；然后经帕斯捷尔纳克介绍和建议，里尔克给茨维塔耶娃写了第一封信，并把他的两部诗集——《杜伊诺哀歌》与《致俄耳浦斯的十四行诗》题赠给她。

通信一开始就很频繁——

里尔克的第一封信是在5月3日从瓦勒山疗养院发出的。他说，很可惜没有机会与茨维塔耶娃见面，如果相见，那必定会给彼此带来"内心的喜悦"。《杜伊诺哀歌》的题赠则暗示了这是一种"灵魂的相见"：

我们彼此相触。

凭什么？凭翅膀。

从远处我们捎来自己的血缘。

诗人孤零零。把他送来的那一个，

与负重的时辰相遇。

里尔克问:"我们是否能在某一天实现这样的心愿呢?"在寄给她的《致俄耳浦斯的十四行诗》上卷第十六首的旁边,他用铅笔注了两个字:"给狗。"这首诗是写一条狗。里尔克希望俄耳浦斯的手也来给这条狗赐福,因为它有如头生子以扫,为了分享人类的苦乐而放弃身份、披上毛皮。

5月8日,茨维塔耶娃收到里尔克信件的当天,就写了回信。她说,她无权将里尔克视为"最喜爱的诗人"或庸在的"人",对她而言,里尔克是作为精神的里尔克,他大于诗人,是超越了生命、超越了诗歌的人。这几乎就是仰望神明的姿态:"您是大自然的一个现象,这一现象不可能是我的,它也无法去爱,而只能用全部的身心去感觉,您或是第五元素的化身:即诗本身,您或是诗从中诞生的物,是大于您自身的物。"她回复里尔克提到的"未曾相见",说,她在他的出生地布拉格住了三年,她没去见他是由于他不认识她,是由于她爱他胜过世上的一切,由于忐忑和唯恐遭冷遇的自尊。她说接下来她将要以"你"称呼他,因为他是一种"力",是一种罕见的"物"。第二天,里尔克的书寄到了。于是她又写了一段话,并且把自己的两本诗集一同寄给了他。

5月10日,里尔克寄出第二封信——即迅速又愉快。他说,他沉浸于她的书信中,他为她诗歌中表现的丰富的创造力而惊叹。他委婉地提到自己的疾病、疗养院,以及被战后的混乱和动荡困扰的精神状态。

5月12日、13日,茨维塔耶娃连续写了两封信。她已经读过他的诗,两封信都显得异常激动。她说,她是坐在沙丘上给他写信,儿子正骑在她的脖子上夺她的铅笔。她详尽地谈论阅读他的诗歌的感受,由他的俄耳浦斯,以及她所热爱的诗人勃洛克的死,她谈到诗人的存在。她认为诗人的死亡是反自然的,因为诗人本来就处于时间和时刻延续的死亡之中。她再次谈到"作为人的里尔克",说,她爱的是一个诗人而不是一个人。作为对他的题赠——"我们彼此相触。凭什么?凭翅膀"——的回应,她说,自她向他的东西不应该是流动的,而应该是"飞翔"的。也许茨维塔耶娃误解了里尔克"给狗"的标注,也许纯属故意,她问:"你那里现在有只狗吗?"她说那几个字把她带回了童年,因为她是如此喜爱狗,"和狗抵着头,眼对着眼,是一种莫大的幸福和享受"。最后,她建议他读一读她的两部俄语诗剧《奇遇》和《不死鸟》。

5月17日里尔克的第三封信寄出。信中谈到《杜伊诺哀歌》与《致俄耳浦斯的十四行诗》的创作过程,精神损耗,他喜爱的孤独,穆左,疗养院,以及他未曾确诊的病症。他说,用俄语阅读对他来说已经十分困难;如果有一天他突然停止告诉她关于他的生活,假如她想要"飞翔",那就无论如何也要继续写信给他。

这封信本来是基于已经不胜负载的身体状况。事实上,里尔克的确已经到了随时都有可能"突然停止"写信、停止阅读、停止一切的状态。但是这一点,茨维塔耶娃竟没有体谅。她把这封信理解为"拒绝"。她中止了给他写信,并在5月22日写信给帕斯捷尔纳克说,里尔克是一位隐士,比晚年的歌德更与世隔绝,在上帝和"第二个浮士德"之间,他"不需要中介",他"已经超负荷了,他什么事、什么人均不需要"。她把这样的"冷遇"归结为"年长"和"有产者的寒意",说,这次相遇"是对心灵的一次打击"。在5月26日给帕斯捷尔纳克的信中,她依然对里尔克的话耿耿于怀:"我的诗他读起来很困难,虽然早在十年前他就能不查字典阅读冈察罗夫……"她负气地说:"我不比他小(在将来),但是——我比他年轻。年轻了许多个生命。"

经过两周的思量,她的情绪似乎慢慢地平静下来。6月3日写给里尔克的信中流露出尊严与委屈,但更多地表示了理解。她说她知道里尔克那句话"是在请求安静",而自己的热情是对"所有和永恒"的降低:"在生命之前,人是所有和永恒,一旦生活起来,他就成为某人和现在。……你生活着,我想见到你。这是从永恒向现在的转移。由此而来的,是折磨,是对日子的计数,每个小时的贬值……"她进而谈道,"存在于他人之中或拥有他人",这就是"时间中的、忘恩负义的、自我毁灭的"爱,因而,她"不喜欢爱,也不尊重爱"。所以,她声明她已经"与愿望作了斗争","时机已经错过,我不想去见你了"。

里尔克立刻回复——6月8日——他寄给她一篇《致玛琳娜·茨维塔耶娃·埃弗伦的悲歌》,还有五张他的照片。

茨维塔耶娃曾把自己的诗歌题献给许多人,其中一些是诗人——帕尔诺克,勃洛克,阿赫玛托娃,帕斯捷尔纳克,马雅可夫斯基,还有去世多年的普希金。也有不少读者和诗人喜欢她,爱慕她,但是,到1926年为止,据她自己说,却没有一个人给她献过诗。可是这时候,里尔克却把这首优美、深沉的哀歌题赠给她:

我们相互传递的只是征兆

来自宇宙的核心

……

月光下那漫长的、听不见的路

6月14日,茨维塔耶娃的回信充满感动和柔情。她对他坦承他们的通信对于她的意义:"深深地沉入自我, 经过许多天或许多年——突然的一次——喷泉一样地返回,历尽艰辛,精神焕发:深处变成了高处。"她重申她曾言说的"爱",一种非关"某人"和"现在",而是"所有和永恒"的爱——她的请求与沉默,她的拥抱(对一个人或一棵树),他的眼睛和皱纹(照片上的),他的诗,每一句……她说:"所有这一切都叫做:我爱你。"比如,她似乎要例举一个旁证:"读完这封信,你所抚摸的第一只狗,就将是我。请你注意她的眼神。"

里尔克寄来了法语写成的诗集《果园》,并在信中谈到诗人与民族性。7月6日,茨维塔耶娃回信谈了自己的阅读感受:"对于诗人来说,母语是不存在的……民族性是一种阻断和囚禁。"她认为他笔下的俄耳浦斯就是突破民族性界限的范例。尽管在谈诗歌,但是,茨维塔耶娃还是谈到了里尔克——诗歌里的里尔克:"莱纳,我在每一行诗句里都能认出你。你的声音很短促,每一行诗,都是一个被截短了的里尔克,近乎一个提纲。每一个词,每一个音节。"

这时候,独自在穆左居住的里尔克感到了越来越严重的身体不适。直到7月下旬,里尔克才回复茨维塔耶娃的信。也许是为了获得茨维塔耶娃对他疏于写信的理解,他又一次提到自己的病痛。这封信在茨维塔耶娃的命名日寄到。8月2日、14日、22日,茨维塔耶娃前后写了三封信——也是里尔克有生之年收到的最后一批信件——其中是越来越强烈的感情流露,越来越无忌惮的亲昵,以及越来越迫切的见面的请求。被情感冲昏了头脑的茨维塔耶娃一心渴望着与里尔克有更多的交流与接触,根本没有留意到里尔克信中流露的绝望。她对里尔克的声音充耳不闻,也不顾及里尔克一向恪守的书信对话的界限。

8月2日的信中,茨维塔耶娃再次听凭情感回到了"某人和现在",回到具体。"我想去见你",她说,"我想和你睡觉——入睡,睡着。……单纯地睡觉"。但是,"出于一种担心,怕你会在我身上看到一种普通的、欲望的激情",她紧接着就对自己的期望作了澄清:"这一切与爱情无关,爱情只能感觉到、听到它自己,它被时间和地点束缚,这一点我无法伪装。……爱情仇恨诗人。它不希望被崇高化,它认为它就是绝对,唯一的绝对……它知道崇高就是灵魂,而灵魂开始之处,也就是肉体结束之地。"但这样的澄清,在我看来,不过就是为了不引起里尔克的烦恼。她无法伪装,包括她的两面性——灵魂的爱与肉体的爱,她试图分开、选择,却发觉自己身上同时存在代表灵魂的"普绪刻"和代表肉欲的"夏娃"。而且,她不得不承认,"普绪刻在嫉妒夏娃"。她似乎不懂得,在两性关系里这两者本来就是不可分的。以肉体的亲近——睡觉,来达到无间的灵魂相聚——"那从不睡眠的一切,都想在你的怀中安息",这本来就是极其自然的事。

世界上并不存在带有时间和地点的"灵魂相聚"。这样的表白曾经吓退了赫利孔山,但是,得到了里尔克的理解与感谢。

但茨维塔耶娃所声明的灵魂亲近,却不断被自己的请求推翻着。"这个冬天我们应该见面",她在8月的第二封信中说。她要独占里尔克的情感:"你听着并且要记住:在你的国度里,莱纳,只有我一人代表着俄罗斯。"在8月19日的回信中,里尔克以简洁而坚定的口吻告诉她,他反对她"不允许有任何例外"的要求;她对帕斯捷尔纳克的态度,他认为"过于苛刻,甚至残忍"。但是第三封信中,她依然请求见面。这是怎样的矛盾啊——她先是把这请求解释为另一种相见:"我越远地离开自己,便越深地潜入自己。我不活在自己体内——而是在自己体外。我不活在自己唇上,吻了我的人将失去我。"但接着说的却是火车、车票、旅馆、日期、城市、见面所需要的钱,以及孩子的托管。8月到10月她一直在写以希腊神话为素材的悲剧长诗——《忒修斯》和《费得拉》,加上从旺代到巴黎的迁居,所以,在这封信里她认真地告诉他:"11月之前我们是见不了面的。"

他没有再答复。面对这样的一意孤行,里尔克一定感到了疲倦。

茨维塔耶娃自认为了解里尔克:"莱纳,我了解你,一如了解我自己。"但是,她了解的仅仅是诗歌与理智的里尔克,却不了解里尔克一贯的生活态度。里尔克渴望灵魂交替,却同样渴望隐藏生活。他"生命中标志性的两步舞,是逃避亲密和争取无条件的同情和理解"(苏珊·桑塔格语),他最不能容忍的就是热闹,他不喜欢带有逼迫性的情感:"那些像吐血一样非要表达自己情感不可的人,让我感到疲劳,因此,就像俄罗斯的烈性甜酒,我只能勉强、微量地啜饮。"年轻的里尔克尚且如此,那么,1926年的里尔克,怎么可能接受如此剧烈的情感呢?

从9月开始,悲剧《费得拉》占据了茨维塔耶娃的大部分时间。也由于见面的请求一直没有得到答复,所以,她一直对里尔克保持着沉默,直到11月初,才从巴黎的新地址发去一张明信片:"亲爱的莱纳!我住在这里。你还爱我吗?"这时候,里尔克已经不能再写信了,他剩下的日子已经屈指可数。由于坏血症继发脏器功能衰竭,11月,他不得不再次住进瓦勒山疗养院。1926年12月29日,里尔克与世长辞。

茨维塔耶娃给里尔克写了最后一封信,一封他再也不会阅读的信:

亲爱的,你死了,这就意味着,不再有任何的死,或任何的生……我与你从未相信过此世的相见,一如不相信此世的生活。

一切仿佛都死去了,包括诗与梦。我难以确定,那究竟是巧合还是命中注定——在里尔克死后,茨维塔耶娃的创作突然变得凝滞——速度在减缓,热情在消失,力度在减弱。直到1941年秋天结束生命,她的创作一直难以接续此前那种澎湃的激情。

1928年2月7日,茨维塔耶娃以《新年献诗》作为给里尔克的安魂曲。她看待生死更无羁绊、更自由,仿佛生与死毫无界限:

生与死早被我打上了引号,
确凿无疑,其中交织着虚妄。
……
如果你如眼睛,这样闪耀,
就意味着生并非生,死并非死。
还有时间让我们相见!
没有生也没有死——那是新的

第三种存在……

　　2月9日,茨维塔耶娃给帕斯捷尔纳克写信:"对于你来说,里尔克的死是不正常的。对于我来说,他的生——才是不正常的,他的生另有规律,另有逻辑。"

　　2月27日,茨维塔耶娃写下《你的死》。由里尔克她想到另外两个人的死——她说,她不曾挑选,就是另外两个和里尔克不相关的人,法语教师和小男孩万尼亚——他们的死,与所有人的死构成了死亡之链,一个圆,并使人与人达到了生前不曾达到的亲近:"对于我们所有的人来说,其实都是躺在了一个墓地里——长眠于我们的心里,随着时间的推移,渐渐躺在了一个亲兄弟般融洽的共同的坟墓里。……于是,莱纳,你使我与所有失去了你的人相亲近,正如我使你与所有离我而去的人相亲近。"

　　于是,她不再以他的死为消失,也不再以自己的生为局限。她因感到了生与死的相通而感到了他的无处不在。他已经超越了存在,尽管可以把他和书籍,和国家,和地球上一切的空旷之地,和他永远的缺席,和因他的缺席而变得空旷的地球相联系,但是,他"仍旧从未在生命中存在过"。也许在这时,她才真的做到了:从所有的时代,夺回他。

　　你本身就是灵魂。我们才是通灵之人。

　　相见或者爱情,时间或者空间,还重要吗?在弥留之际他说,肉体只不过源自一种殷切。死亡令一切变得安宁。此时,茨维塔耶娃终于与激情和解:"爱情只是在死亡的前提下我们所呈现的笨拙,对未知的服从,对死亡的服从。"

伊萨克·迪内森：

Isak Dinesen

当我们彻底输掉过去

那个讲故事的女人

在故事的指引下，爱与拒绝

我在这里，在我最应该在的地方

我为欢乐而至

任何一种社会身份都会成为陷阱

我不让你流逝，除非赐福于我

伊萨克·迪内森(1885—1962)，丹麦作家。

1885 年 4 月 17 日生于丹麦哥本哈根北部荣斯特德庄园。原名凯伦·克里斯顿茨·迪内森。1912 年与远房堂兄、瑞典男爵布罗尔·冯·布里克森－芬尼克订婚，1914 年远行非洲完婚并与丈夫共同经营咖啡种植园。1921 年离婚，在弟弟帮助下独立经营农场。1918 年，结识英国贵族、飞行员丹尼斯·芬奇·哈顿，两人相爱并同居。1931 年咖啡园破产，丹尼斯坠机身亡，伊萨克·迪内森返回丹麦故里，以写作为生。1962 年 9 月 7 日去世。

1934 年至 1937 年，先后出版短篇小说集《七个奇幻的故事》，散文长卷《走出非洲》，小说集《报复之路》，短篇小说集《冬天的故事》。其后疾病缠身。1957 年以后，先后出版短篇小说集《最后的故事》、《命运轶事》，随笔集《草地上的影子》。1963 年，遗作《埃伦加德》出版。1978 年，她在非洲写给家人的信以《非洲来鸿》为题结集出版。1985 年，根据《走出非洲》改编的同名电影获七项奥斯卡金奖。

Isak Dinesen

1959 年 1 月 28 日,在美国的全国艺术文学研究所年会上,已届七十四岁高龄,以贵宾身份访美的伊萨克·迪内森作了题为《我的生活座右铭》的演讲。演讲以一则中国古代的故事作为结束。我猜这个故事是她杜撰的——就像她在作品里信手织造一段传说,却使人相信那本来

晚年的伊萨克·迪内森依然风姿绰约

就在流传一样。我从未听说过这个故事：

　　古代中国，有一位摄政大臣，在皇帝成年的时候把那枚标志理国权力的戒指归还给皇帝。他对年轻的君主说，我在这戒指上刻下了一句话，请陛下在获得胜利、荣誉的时候读一读。

　　这句话是：此亦有尽头。

　　伊萨克·迪内森说，这句话不表示完结，而是指，一切都应该归结为一个整体。

　　关于生存的完整性以及生命的多重可能，是贯穿伊萨克·迪内森全部创作的主题。在大部分有着基督教背景的欧美国家，涉及这个主题的作家肯定不只是个别，只是，伊萨克·迪内森采取的方式不同。她用的是"说古"的方式。与20世纪文学潮流所体现的现代风格迥然不同，她铺排故事的方式极其古老——平缓，很平缓，绝对没有大起大落；节俭，节俭到没有一行奢侈的句子；浪漫，令人觉得阅读恍若做梦，但又不知道哪里来的那些勾引，似乎是悬念，又似乎不是，似乎是爱情，也似乎不是——你想知道，但你想知道的未必是故事，因为，她给你的故事真的很简单。

　　就是这样。她采用那种缓慢得有些古旧的声腔，采用阿拉伯传奇式的环套结构，那些如梦如幻的细节，比"且看下回分解"更令人欲罢不能。

一　那个讲故事的女人

　　最初注意到伊萨克·迪内森，是由于电影《走出非洲》。

　　这一点，也许很多人跟我一样。毕竟，她的作品总量不多，在国内她的作品译介更是寥寥；她的代表作——散文长卷《走出非洲》(亦常常被误指为小说),湖北一家出版社首版(也是绝版)才印了区区 1700 册。她在这里基本上不为人知,至于她的著作,连完整的电子版都难得看到。

电影《走出非洲》我看了许多遍。

我相信许多人和我一样,并不是为它的剧情,而是为那些跟随剧情的画外音,为那些讲故事的情景所吸引——

晚上,灯下,凯伦在非洲庄园的餐室里,给她的朋友——伯克利·柯尔和丹尼斯·芬奇·哈顿讲故事。她说:"我给侄女们讲故事,她们总是提供第一个句子。"丹尼斯很好奇,难道随便起个头就可以讲出一个故事吗?他随即为她起头:"从前,有一个流浪的中国人,名叫程欢,住在石灰砌成的屋子里;还有个名叫雪莉的女孩……"凯伦顺口接下去:"说着一口流利的汉语,那是她从做传教士的父亲那里学来的。程欢住在挂满蓝色灯笼的蒙巴萨街上,每日独坐在窗边,聆听他孤寂的心里传来的,来自祖国的玄妙回声……"她的语调安静,缓慢,略带忧悒。那个故事,一直讲到黎明才结尾:"隔天早晨,他们在蓝色街灯上面的房间发现那死去的孩子……脖子上还缠着程欢赠送的定情物。"热爱故事的丹尼斯·

凯伦庄园的厨房

219

芬奇·哈顿直愣愣地看着她，眼神里满是感动和惊奇。他已经喜欢上了这个异想天开的女人。

　　就是这种缓慢与诗意，没有谁遇到了还能漫不经心地走过。

　　西德尼·波拉克执导的《走出非洲》，外景全部在肯尼亚实地拍摄，由梅丽尔·斯特里普和罗伯特·雷德福主演——我一直认为，在影坛的璀璨群星中，他们是为数不多的兼有隐忍与梦幻气质的演员，可以把任何剧情演绎得令人过目难忘。《时时刻刻》、《马语者》、《法国中尉的女人》、《廊桥遗梦》……只要看过其中任何一部，都会被那种罕见的表演气质所折服——坚如磐石却难得外溢的深情，那样的克制与爆发，几乎就是本色出演。1986年，《走出非洲》获得第五十八届奥斯卡金像奖，准确地说，是最佳影片、最佳导演、最佳改编剧本、最佳摄影、最佳音乐、最

电影《走出非洲》剧照：梅丽尔·斯特里普饰演的凯伦

佳音响、最佳艺术指导七项大奖。

那个讲故事的明眸皓齿的温柔女人——梅丽尔·斯特里普——女庄园主凯伦——凯伦·布里克森，或者伊萨克·迪内森，她来自北欧丹麦。在第一次世界大战爆发前夕，她和丈夫一道来到非洲，在肯尼亚的恩贡山下经营自己的农场。她的丈夫热衷于外出游荡，很少顾及庄园的经营。她是因为爱他已婚的双胞胎哥哥而不得才嫁给他的。当然，丈夫也不爱她，只是作为朋友，他愿意满足她成为布里克森夫人的愿望，作为交换，她为他的享乐提供资助。

丹尼斯·芬奇·哈顿热衷于在非洲莽原上打猎，不喜欢任何约束，却像孩子一样迷恋故事。从听到凯伦讲故事那天起，他就喜欢上了她的庄园，每过一段时间他就会前来探访，来听她讲故事。

不久，她的丈夫从边界带来口信，他在打仗，需要如此这般的物资支援。于是她亲自带着马队出发。她没有收获丈夫的爱情，却获得了他携带的梅毒，只得返回丹麦治疗。几个月之后，凯伦回到庄园，梅毒痊愈了，却失去了生育能力。

丹尼斯·芬奇·哈顿也渐渐习惯于不时地返回这里——似乎这是他的家，他奔波累了就会回来休息。"你有新的故事了吗？"他总是还没走近就迫不及待地大声问。他也带着她分享他的快乐——听唱片，打猎，埋伏在荆棘后面观察莫扎特带给猴子的反应，或者，开着破旧的越野车奔袭到莽原深处，在夜色和篝火的映照中跳舞……就这样，他们相爱了。

那个夜晚，她仍在讲故事。这一次，丹尼斯·芬奇·哈顿的开头显然是关于她："从前，有个很年轻的丹麦女孩，她登上一艘开往苏伊士运河的邮轮……"这个开头勾起了她的辛酸——这个喜欢冒险的女孩，已经成为一个不回家的男人的妻子，在非洲的恩贡山下经历了许多艰难和孤寂。这时候，篝火的微光映照着情人的脸，照彻了他眼中的了解和痛惜。她看着他，梦呓似的接下去："邮轮遇到了一场突如其来的风暴,在经过摩洛哥海岸的时候,她被冲到一片白色的海滩上,一片多么白的、寒冷的海滩,它的颜色是那么白,就像……"

他们在相爱。但直到那个夜晚,爱情也没有被说穿。

爱情是被她的丈夫看出来的。做丈夫的并不在乎妻子爱上了谁,但出于礼节,他认为,作为妻子的情人,丹尼斯至少该问一问。要经过允许,我想他是这个意思。丹尼斯坦然回答:我问过了,她说行。

她解脱了婚姻。他弄来一架小飞机,载着她在东非大峡谷上空飞翔。飞翔,他说,就是从上帝眼里看世界。

但上帝却没有看见正在发生的这桩爱情,它如此单纯、优美,也如一切易碎的事物一样,需要被格外眷顾。前后相继的两场火灾,令这幸福永远地成了回忆:凯伦的庄园失火,所有的收成化为灰烬。不久,在一次单独飞行中,丹尼斯·芬奇·哈顿的飞机起火,机毁人亡。葬过爱人之后,她离开了非洲。

电影中的凯伦并不全是伊萨克·迪内森。所有剧本改编自文学著作的电影都会缩略舒缓的美感,放大原著中的纠结与冲突,比如阴谋,争斗,意外,以及男女。在电影里,伊萨克·迪内森书写非洲的散文长卷也同样被如此这般的缩略与放大了。然而,这个讲故事的凯伦,却最精当地保留了原著者的特征——她总在讲故事,她是一个热爱故事、企图把人生的全部梦想寄寓于故事的女人。

这个生长在北方极地的女人起初并没有打算成为作家,即使是闻名世界、两度列入诺贝尔文学奖候选名单的作家。一切都出于对故事的迷恋。她一生都在讲故事,就像《一千零一夜》中那位山鲁佐德,她讲起故事来满面痴迷,昼夜不舍。伊萨克·迪内森觉得那些故事根本不是她创造出来的,而是世界原本就充满了事件和传奇、必然和偶然,它们充沛、丰盈,时刻等待着被讲述。她觉得,无法被讲述的生活是没有价值的,是根本不值得过的。

我常常想，她那些想法也许竟是科学的。传奇是一种天然存在，它们本来就在某个隐秘的空间储藏着。一个人只要具有足够的表达力，就等于在他的世界里有一道为那些故事预留的出口。在某个适当的时刻，那扇门被打开，光怪陆离的故事就会像泉水一样汩汩流溢。

她对于故事的热爱常常让我想起安徒生。在濒临浩瀚内海，有着曼妙风光和漫长冬天的日德兰半岛，讲故事，是否会成为人们消遣冬日时光的一种生活方式？我一直相信地理环境对于风俗人情，进而对于艺术品类、气质及精神品格的前提性影响力。丹纳曾论及地处寒带的中北欧艺术，比如伦勃朗绘画里的光——与地中海北岸油画中的光截然不同，伦勃朗的光简直具有神灵一样的魅力，仿佛黑暗也成了光的燃料与储备。丹纳认为，正是北欧的潮湿与阴郁培育了对光的敏感。那种被弗罗蒙坦视为"夜光虫"的光，唯有在光稀缺的寒带才能够被捕捉。

丹麦几乎是西北欧地势最低的地方。在古高地德语中，Denmark 意为"沙滩地带"、"森林王国"。伊萨克·迪内森的出生地荣斯特德庄园，位于哥本哈根北部，濒临丹麦和瑞典之间的松德海峡，属于温和的海洋性气候，冬季比较长，但是并不十分寒冷。这样的地理环境和季候易于催生动植物的生命力，似乎也易于催生人们的想象力。大自然使得丹麦人获得了一种与环境合而为一的秉性。他们习惯于以拟人的方式想象动植物的生活，许多人甚至极端到连苍蝇也不伤害，因为他们认为苍蝇也有一种类似人格的东西，它们像人一样有生存权利。这种童话意味，贯穿了丹麦各门类的艺术创作。从安徒生，从伊萨克·迪内森，都可以看见这样一种夜光虫似的光——并不耀眼，但神奇、浪漫。

与丹麦所处的地理位置有着绝对的关系，伊萨克·迪内森的创作，堪称丹麦文学所吸收的两种文化气质——斯堪的纳维亚文化独有的传奇与浪漫，日耳曼文化对精神高度的特别追求——的完美融合。

童话式的想象力在伊萨克·迪内森的作品里无处不在。翻开她的任何一部作品,都会轻而易举地发现两种最为触目、贯通全篇的元素:美妙的充满隐喻性的自然环境, 意味深长的古代传说和富于传奇色彩的个人经验——就像一棵树上不断分叉的枝丫,它们令整个故事葳蕤生姿、浓荫密布。她陈述万物的方式,令人觉得那些东西——无论是一棵咖啡树,一只羚羊,一艘帆船,还是无边无际的海水,都会思考,会判断,会选择,会有喜怒哀乐,具有类人的动态与灵感:

世界正要把他喝了进去,他要到世界的尽头,世界要把他融进血液里去。(《做梦的人》)

并非寻常的拟人。在伊萨克·迪内森这里,童话般的激情不仅仅意味着创造一个想象的世界,而且意味着创造这个虚拟世界的独特风格——讲故事。她说:"吸引我的是故事,和讲述它的方式。"伊萨克·迪内森喜欢把自己称为"讲故事的人":"我是一个讲故事的人,而非别的什么。"

就讲故事的天赋而言,可以说,她出生并自幼生活在一个对智识生活极感兴趣的家庭,的确是一件值得庆幸的事。

伊萨克·迪内森的爷爷阿道夫·威尔翰姆,是一位拥有大片土地的农场主,也是一位军官,参加过1848年丹麦对普鲁士的战争。阿道夫·威尔翰姆个性坚毅,博闻强识。当时尚无名望的安徒生曾经与他同游罗马和米兰。那次同行,阿道夫·威尔翰姆极其醒目的个性,让安徒生感触至深。在日记里,安徒生这样描述阿道夫·威尔翰姆:"从这个坚毅的年轻人那里我学到多少东西啊!而对我的感情他却总是一再伤害。要是我有他那种性格,甚至哪怕带上那些缺点该有多好。"

这种性格上的执著,在阿道夫·威尔翰姆的儿子威尔翰姆·迪内森(1845—1895)身上表现得更为明显。威尔翰姆·迪内森有着多重身份,是军官、农场主、运动家,也是不折不扣的政治家,曾经是普选产生的丹麦议会议员之一。但他几乎也是一位作家。伊萨克·迪内森曾经谈到父亲唯一的一本书《狩猎来信》。那些由伊萨克·迪内森转述的文字充满了蓬勃的激情："回想在杜帕尔，我一直是纵队的一名军官，这固然是份苦差事，但十分荣耀。你爱士兵，就像爱年轻女人——爱得发狂，姑娘们最清楚。"

伊萨克·迪内森的母亲，英格博格·维斯特霍兹（1856—1939），出身于大资产者、土地所有者家庭，是著名的女性参政论者和社会活动家，一生致力于争取丹麦女性权利，属于比较耀眼的女性公共人物，也是永远不屑于诱惑男人的优秀女性之一。她积极、坚强、独立的个性，开阔的视野和注重智识生活的习惯，对伊萨克·迪内森一生影响至深。

1895 年，威尔翰姆·迪内森在家里自杀，留下妻子和五个年幼的孩子，包括十岁的伊萨克·迪内森。关于威尔翰姆·迪内森的自杀，比较常见的说法是，他曾经非常爱他的一位表妹，她善于讲故事，但在二十岁时突然抱病猝死。内心深处无法治愈的悲伤促使他选择了自杀。但这个演绎几乎是不合逻辑的。事实上，威尔翰姆·迪内森的自杀与政治上的失意有关，另外还由于难以解决的身体痛苦——无法根治的梅毒，以及治疗梅毒用药带来的剧烈疼痛——这两样，足以对一个崇尚上流生活的男人构成致命的打击。

如果说父亲的突然辞世带给她的是悲伤，那么，当后来知道父亲的死乃是自绝，她的悲伤里便含有了强烈的恐惧与惊愕。

生存对于一个人究竟意味着什么，那之后许多年，她都不能清晰地回答。父亲的自杀把她带入了一个巨大的疑问。这疑问有如旋涡一般裹挟着她，使她越来越深刻地感觉到，"生活的溪流是寒冷的"。直到后来，随着生存中不断地出现的无奈境遇，一种企图逐渐产生：躲开现实，假想某种更为吻合理想的生命方式，然后去实现它。

就这样，她创造了追随父亲的另一种方式，那就是：延续父亲曾有过的生活,如果可能,延续父亲曾有过的一切——比如嫁给父系家族的后嗣,永远拥有父系的姓;比如像父亲隐士般的居住在齐佩瓦的印第安人中间一样,她远赴非洲,居住在吉库尤人中间;比如,像父亲深爱她那个善于讲故事的表姑一样,她也爱上了故事,她要沿着故事的逻辑去生活。

她认为,生活完全应当,也完全有可能如同故事那样:先假设,再实现。

二 在故事的指引下,爱与拒绝

不能不说,伊萨克·迪内森真的是一个出色的"讲故事的人"——你一定要想象有个人在讲述,才可以领略那种文字独具的韵味。比如,你可以想象凯伦在灯下,为丹尼斯和柯尔讲故事——她气定神闲地把一个故事一绺一绺地撕开,在旁逸斜出的枝节之间兜来兜去,让你"听"得恍若入梦。

伊萨克·迪内森不喜欢过多地述及当下。她所有的故事都是遥远的,那是一种时间上的遥远,一种古旧之物,与她的生活不在一个时代。即使在散文里,伊萨克·迪内森也惯于把细节无限地拉远,喏,就像这样:"在非洲我有过一个庄园。"

因而,与我遇到的其他作家不同,走近她的途径也像她的故事一样迂回——你不得不先投入她的故事,有如一段又一段的泅渡,沉下去,浮上来缓口气,再沉入另一段……她本人,在最深处、最远处等你。

她也不喜欢过度地写作。终其一生,她的作品也就是这么几部,散文长卷《走出非洲》,随笔集《草地上的影子》,短篇小说集《七个奇幻的故事》、《冬天的故事》、《命运轶事》、《最后的故事》,加上遗作《埃伦德加》,不足二百万字。

不经意地看,这些作品的风格很古老,很像我们曾在乡村见到过的"说书",一板一眼,不紧不慢,这里岔开一段,那里又岔开一段,招得人永远也放不下。但它们显然又各不一样,或者简直可以说,它们所呈现的纹理和弹性,相去甚远。因为,伊萨克·迪内森的立足点不在尘世间。伊萨克·迪内森一再使用的模式,是现实模仿理念。她为她的主人公事先设计一种人生,然后再调集人物去实现它。她的人物不是在生活,而是在实现某个事先已经存在的故事。

比如这样一些可以互为印证、也可以互相抵消的故事——《诗人》、《不朽的故事》、《回声》。它们都很短,主题都是关于梦想的传承。伊萨克·迪内森没有把这些故事放在一个集子里,但是,如果把它们放在一起阅读,一定会有意外的收获。

《诗人》写一位老绅士的诗人梦。

老绅士叫玛奇森,是国王任命的司法参事,属于当时小镇上的大人物。

伊萨克·迪内森在开头讲的是另一个故事,和故事的主干仿佛风马牛不相及——很早以前,丹麦女皇索菲亚·玛格戴连在小镇的湖边猎到一头鹿,一时兴起,于是在湖中修建了一座宫堡,取名"希尔什霍尔姆",意为"鹿"。鹿堡建立五十年后,索菲亚女皇的孙子常常带着他美丽的皇后来小镇打猎。可是,皇后却爱上了王储的医生,并把这医生提拔为首相。后来,他们的恋情被发现了,于是,首相被砍头,皇后被流放终生。鹿堡渐渐坍塌,小镇也变得冷寂荒凉。

这个事先安排的传奇类似中国古诗里的托物起兴,没有实质的意义,只是为了把一个传奇的开场布置得遥远、神秘。

又经过了半个世纪,鹿镇出现了两个奇人。一个是权势显赫却鳏居十五年的司法参事玛奇森,另一个是出身农家、地位卑微的地方书记员——年轻的安德尔斯·库伯。玛奇森年轻的时候曾经到许多地方游历，回到鹿镇的时候已经五十多岁，青年时代的梦想遗落殆尽。在玛奇森珍视的事物中，最重要的就是他对魏玛时代的记忆——他曾和歌德生活在同一个地方，见过那位名闻遐迩的大诗人，向他鞠躬致礼。从他向歌德鞠躬的那一刻起，诗歌就成了他生活中至高无上的理想。他写过悲剧，也写过短诗，但是，他不得不承认，虽然具有为人们公认的艺术鉴赏力，但他自己并不是诗人。他接近诗歌的道路只有一个，那就是，成为诗歌的赞助人。

本来，这两个男人毫无关系。但是，诗歌让他们发生了联系。年轻的安德尔斯是一位诗人。在他被引荐给玛奇森，他们坐在一起喝茶的那一天，玛奇森就从他的眼睛里认出了诗意。他当然不会认错，那种清澈、深邃和自由，只有他们这一类人才有。就这样，玛奇森选择这位年轻人来传承他未得实现的梦想。他为安德尔斯提供衣食和一个粉刷得雪白的房间，引领他进入鹿镇的上流社交圈，讨论政治与时尚。

本来，事情就是这样。可是，不久，鹿镇又来了一个年轻的寡妇弗朗辛妮。弗朗辛妮是前夫在鹿镇附近的一处房产——名"自由居"——和少量钱财的继承人，性格幼稚，还没有深思熟虑的习惯，有一张童话般的面孔和翩然若飞的轻盈——太轻盈，仿佛她的四肢就是翅膀，随时都会飞起来。

一天，玛奇森和安德尔斯来到教堂，和骑马而来的弗朗辛妮相遇。就在安德尔斯扶弗朗辛妮下马的一刻，玛奇森陷入了莫名的感动。安德尔斯的凝重和弗朗辛妮的轻盈，仿佛赋予了这会面以特殊的意义，仿佛这会面孕育着一个深不可测的秘密，会产生某种非同寻常的结果。玛奇森自己也不知道，为什么会对他们的见面有如此深刻的印象。

就在玛奇森琢磨着一桩拉郎配的计划时，有一天，他外出散步，听到了从弗朗辛妮屋子里传出的音乐。他突然感到世界变得明亮——原来，"这个气色全无的世界包含着巨大的承诺，严肃而令人愉快的期望"。他透过玻璃门向内窥视，发现弗朗辛妮竟站在足尖上。原来，她是一位一流的舞者。窥视者一瞬间仿佛回到了年轻时代曾经去过的维也纳，重新陷入了舞者带给他的那种感觉——那种不可思议的轻，现在复苏了。看着轻盈的弗朗辛妮，他开始对伊甸园的罪恶产生怀疑——既然一个女人可以不费吹灰之力从罪恶之中飘飞起来，那么，那罪恶又能有多重呢？但玛奇森随即意识到，这个女人也意味着危险——她不是一个只会拴住歌德的克里斯蒂安娜，相反，她可能会使年轻诗人腾飞起来，脱离他的控制。无论如何，他都不愿意放掉他的诗人，现在，他也不愿意放掉她——弗朗辛妮应该也为他所有，成为他的舞者。

诗人需要资助也需要悲伤，不幸的爱情正是这样一种恰到好处的悲伤——它能够激发一种巨大的、能给人以启示的感觉，它以前曾经激励过多少诗人写出了历史上最伟大的诗篇。玛奇森想，假如有一种绝望的爱情在他们之间发生，这样的煎熬，完全可以教这个年轻的诗人永垂不朽。他决定为年轻的安德尔斯创造绝望——娶这位年轻寡妇，娶这个显然已经被安德尔斯爱上的女人为妻，让弗朗辛妮成为这样一个令人心碎的爱人——对于安德尔斯而言，她近在咫尺，却又不可能得到。这样，悲伤与痛苦就会足够强烈，足够用来成就不朽的诗歌了。

玛奇森求婚，弗朗辛妮立刻就答应了——这一点看起来不可思议，却在他的预料之中。他早就注意到了她那种完全无视事实的天性。随遇而安，是一种女性特有的处事习惯，经过无数代人而发展得完美无缺的女性法则。当看到通向幸福的道路被强大的力量切断，她们就会坚决地抄近道，把被动接受的事情说成是她们所希望的，从此一劳永逸。就这样，在他的操控下，她也把嫁给他这件事看成了自己的理想。

安德尔斯一直觉得，像他这样的人，一定是用一种完全异于常人的材料做成的。那种材料有不为旁人所见的特性。所以，旁人对他视若无

229

睹尽管令他觉得孤独,但是,他也已经习以为常了。可是,遇见弗朗辛妮,她竟一瞬间就认出了他,不费吹灰之力。从那个扶她下马的时刻起,从那个目光相遇、心如撞鹿的时刻起,他的不存在就结束了——他一下子就被她那双童话般的眼睛捕获了。这种被辨认的感觉,安德尔斯从不曾有过。现在,既然她将和玛奇森结婚,永远不再回眸望他,既然生命将回到不被辨认的状态,就和不存在一样,那么,何不一劳永逸地摆脱它?

玛奇森每和弗朗辛妮见面,总会让安德尔斯随同前往。那是出于小镇的礼仪,也是玛奇森隐秘的心愿。他看到痛苦在这个年轻人身上发酵,并渐渐结出他期待的果实——他看见安德尔斯接过弗朗辛妮赠送的护身符时面色煞白,他发现安德尔斯开始彻夜不眠,在草地和树林里游荡,对着湖水长久地发呆……所有的痛苦都在开花——安德尔斯在疯狂地写诗。

在安德尔斯的诗歌里,有一首令玛奇森感到不安。那首诗写的是一只变成姑娘的天鹅,她在湖水里洗澡,因为翅膀被一个男人藏匿而不得不成了他的妻子;但是,后来她找到了她的翅膀,于是,她飞走了。为什么会有这样的诗歌,这么强烈,充满危险?

在弗朗辛妮的花园里,玛奇森听见了两个年轻人的对话。安德尔斯对弗朗辛妮讲起自己的梦,他梦见弗朗辛妮对他说起永恒,但是他不信,弗朗辛妮就问他,要是她把她的左手剪断,他是否会信呢?于是她剪断了自己的左手,安德尔斯就醒了。弗朗辛妮听罢,缓缓地抬起自己的左手递给他,像一位雕塑家在给雕像注入生命。

玛奇森从未见过这样的相爱,他受到了惊吓。婚礼前一天,按照礼仪,准夫妇是不见面的。但是,玛奇森偏偏让安德尔斯在这一天去给准新娘送一束玫瑰——是唯恐痛苦不够,还是另有隐情,比如,玛奇森其实竟也是爱她的?总之,傍晚,这位老绅士也忍不住走进了她的花园。年轻的安德尔斯喝醉了,和弗朗辛妮道过诀别之后,他转身看见了玛奇

230

森。年轻诗人举起猎枪,瞄都没有瞄,一枪就射中了他的资助人。

玛奇森倒在香气馥郁的三叶草丛中慢慢死去。在滑向死亡的时刻,他想起了自己曾经写过的一出悲剧,想起了莎士比亚的李尔王,想起了歌德和魏玛。无论如何,他想,李尔王落在伟大的诗人莎士比亚手里,那样安全,荒原上的风暴和人世间的邪恶都不能再伤害他,这才是最重要的。此刻,他倒在其中的这片景色,还有这正在吞噬他、摧毁他的痛苦,全都是魏玛诗人的作品,他成为了魏玛诗篇中的一部分,他落在了不朽的歌德手里,这才是重要的:

生死之中都有希望。

我们有价值,那是我们的可慰。并不可悲。

是啊,如果不是像他的男爵朋友一样按照牌价来估量自己的幸福,如果这价值兑现的过程不曾围困别人的自由,如果不是他以别人和自己为演员亲手执导了这出悲剧,那么,即使一个人这样委屈地死去,也还算是可慰的。

可惜的是,这些假设都不成立。这一死,真的是死有余辜。

伊萨克·迪内森仿佛觉得这终究有些残酷。所以,在《不朽的故事》里,对"资助人"的拒绝不再以毁灭为代价,拒绝来得更纯粹,更有力,更明亮。

《不朽的故事》写的是坎通城一位茶叶商人的故事。

这位腰缠万贯的茶叶商人,在生命即将终结的时候才有幸接触书籍。书籍给他带来的惊喜是如此强烈,以至于,他完全被吸引到书籍所展现的世界中,忘记了自身所处的世界。他所处的世界很快就会消失,而书中的世界不会。

茶商为书中的一个故事兴奋异常。这故事讲的是一位老绅士——

"城里最富有的人"，遇到了一位年轻水手，他给了水手五几尼作为报酬，请他在自己年轻妻子的床上"尽其所能"，以便生育一个儿子。这个故事不会像他正在经历的生活一样腐朽，它会一直存在，它会不朽。那么，按照这个故事去生活，岂不是更有价值？

看完这个故事，这位茶商就打定了主意。他要寻找一位水手，把这个在全世界的港口口耳相传的故事变成现实。茶商找到了合适的人——这位水手俊朗、健壮而深情，仿佛就是按照故事里的人物创造的。水手按照约定，和富商的妻子见面，并上了床。他们之间发生的一切，甚至最微不足道的细节，都是那个故事的翻版。

只是，茶商兢兢业业、一手创造的这个故事，第二天早晨却遇到了意外，演员违约了。水手和茶商的妻子过夜之后，坚决不承认他和这个女人在演绎故事。水手声称，他和女人在夜里所有的缠绵都是因为他们自己，和任何不朽的故事无关。水手不仅拒绝了五个几尼的报酬，反而给富商的妻子留下一枚珍贵的贝壳。那枚闪耀着粉红色光芒的大贝壳是他在海滩捡到的，也是他此生唯一的财富。年轻的水手确信，在这个世界上，绝不会有另一枚与它相似的贝壳了。

这温柔的拒绝比安德尔斯举起的猎枪更有力。这是胜利与骄傲的姿态，对那只拨弄的手充满了蔑视。茶商崩溃了，他不理解这是为什么，有人竟愿意选择昙花一现的生活，却不愿在故事里永生。

到了《回声》，拒绝来得更坚决，更愤怒。一位在大火中失去嗓音的著名女高音，偶然听到了男孩伊曼纽尔的歌声。那歌声令她这个对声音挑剔的人万分感动，因为，男孩的歌声如此优美、明亮、激越而圣洁，从男孩的歌声里她仿佛再次听到了自己当年的声音。于是——和老绅士玛奇森如出一辙——她收养了这个男孩，一心要把他调教得像她当年一样，以使她的梦想得以实现——恢复曾给人们带来那么多狂欢的嗓音。她开始依照自己当年的模样塑造他。她在"吃掉这个男孩，以恢复她自己的青春"和那个二十年前在一场大火中被烧掉的偶像。男孩也拒绝了。他在向她扔石子之前大声指控:"你这个巫婆,这个吸血鬼……现在我知道了,如果我还为下一次歌唱训练而回来找你,我就死定了。"

这些故事,肯定不仅仅影响了如我一样的普通读者。在我之前许多年,它们曾被一些个性卓异的作家发现过。十几年后,当多丽丝·莱辛写出了《米润的珍珠》,当苏珊·桑塔格写出了《恩主》,当我们看到生活一再沿着先验的指引滑向预言的结局,看到绝望中的抵抗,谁还能够忽略伊萨克·迪内森,还能够把她所讲的这些故事看做消遣一笑而过?在并不遥远的童年,我曾在某个说书盲人的弦声里着急,想快点知道一个故事的结局;此刻,我却木呆在这个"说书人"的故事之后,魂魄出窍。

我忍不住想起我们经常遇见的那些故事,那些或深奥或肤浅的故事,关于爱情,关于病态,关于设计与争斗……骁勇的旗帜迎风招展,带领的却是下跪的军队。读过伊萨克·迪内森,一个人怎么会继续忍受低矮的故事,忍受故事像生活一样苟且、下坠?

三　我在这里,在我最应该在的地方

把一生化为三生,化为无限,把自我化为自我之外的其他样式——正是为了这些,伊萨克·迪内森才不惜远途奔袭,迁移到赤道横穿的肯尼亚。

航海远行,发现并占领新的陆地,几乎是所有岛国居民的爱好。丹麦人擅长航海与探险。中世纪,丹麦人曾建立了版图包括挪威、英格兰、苏格兰大部和瑞典南部在内的"北海大帝国"。遥远而极寒的格陵兰岛至今还属于丹麦国土的一部分。出生于西兰岛的伊萨克·迪内森,对远行与占领也有着非同寻常的兴趣。

伊萨克刚到肯尼亚时的照片,当时她二
十九岁

旅居非洲十七年,伊萨克·迪内森的社会身份是农场主。所有的欧洲人进入非洲经营农场的途径几乎一样——大片大片地购买土地,以农耕为主的土著人的村落被这些巨大的农场包围乃至吞噬,土著人反倒成了"非法占地者",继而只好成为农场主的雇工。在肯尼亚,伊萨克·迪内森的公司拥有约三万六千四百亩耕地,一万多亩草场,经常雇用的工人有一千二百多人。这些土地地处肯尼亚首都内罗毕郊区,本来属于当地土著。迪内森家族从英属东非殖民地政府那里购置了这些土地,使之归为私有。尽管经营不善,伊萨克·迪内森在种植园里过的也基本上是闲适的贵族生活。

对伊萨克·迪内森而言,非洲是崭新的,崭新的非洲首先意味着强悍的野性与无穷尽的激情。在这块尚未被铺天盖地的工业文明驯化的大陆上,野生动物被视为"合宜的",它们以个体的方式,以灵魂,直接与上帝接触;驯化了的动物被称为"可敬的",它们从与群体的关系中获得生存和地位。"合宜"是一个前提性的概念，理所当然，不容商量；"可敬"则是一个推论性的概念，是践守约定的后果。

伊萨克·迪内森觉得，人群似乎也可以这么区分。有这么一些人，他们与火烈鸟一样不可能放弃与上帝的接触，即使获得人们给予的最高赞誉也不行。

她发现了一个数千英尺高的地方，在非洲，肯尼亚，内罗毕西南，恩贡山脚下，这么美这么辽阔，这么天然，俨然处于"云端之上"。《走出非洲》落笔伊始，就是这样一幅洗心景象："我的非洲庄园坐落在恩贡山麓。赤道在这片高地北部一百英里的土地上横贯而过。庄园的位置海拔高达六千英尺。在白天，你会感到自己十分高大，离太阳很近很近；清晨和傍晚那么明澈、静谧，而夜晚则寒意袭人。"第一章，她用了两万字的篇幅，如此欣喜地描述非洲带给她的惊讶——非洲的天空、云彩和雨，

伊萨克·迪内森在非洲肯尼亚的庄园

235

非洲的莽原和森林，非洲的山峰，非洲的羚羊和犀牛、开满花朵的咖啡树，非洲的城市、道路、土著居民，非洲原野里的风、色彩和气味。

这些，唤醒了这个女人沉埋已久的某种深情：

回首在非洲高原度过的日日夜夜，你会被一种感觉蓦然袭击：你恍若一度生活在云端之上。……你的心境无比轻松，充满自信。在非洲高原，你早晨一睁眼就会感到：啊，我在这里，在我最应该在的地方。

这是一种生命在瞬间涨满的情绪，它令人获得了破坏成规、蔑视惯性的胆量。进入非洲，她才明白，这种自然与浩荡才是她想往的生命姿态。若干年后，当伊萨克·迪内森离开这块土地，当她的故事像泉水一样汩汩流溢，可以说，那不仅仅是一种情感意义上的回顾，更是这种生命姿态的余韵和回响。因而，阿伦特如是概括她这番远途奔袭的意义："逃避社会，意味着不仅获得激情，也是获得一种充满激情的生活。"（《黑暗时代的人们》）

伊萨克·迪内森来到了非洲，来到了可以置放灵魂的地方。她要以她的种植园为根据地，护佑这些充满激情的生命——土著居民、角马、羚羊、漂泊不定的流浪者、心在世外的狩猎者，进而，护佑这种来之不易的、充满激情的生活。

在所有的阅读经验中，我从未见过一个人以如此对等的、几乎是知己的方式去理解一个土著小孩——卡曼坦，她的厨师。在成为厨师之前，她为他治好了腿上的痈疮：

极少，极少我遇上这么一个充满野性的创造物，一个与世如此隔绝的人，以某种坚定的、执著的顺从，脱离周围的生活，把自己封闭起来。我能够让他回答我的问题，但他从不主动说一个字，也从不正面看我一眼。他没有任何怜悯心，总是带一点儿轻蔑的嘲笑，这说明他比别人多一点儿自豪——当其他病孩子流着眼泪清洗、包扎伤口时，他从来不屑一顾。他无意与周围世界发生任何接触，他经历过的接触把他伤得太重了。他在痛苦中所显示的灵魂之刚毅，乃是古代武士的那种刚毅。再没有比惊吓他更坏的了。他的放牧职能，他的哲学，使他对最坏的可能持有充分的准备。所有这些都体现于高贵的举止中，使人想起普罗米修斯的宣言：痛苦是我的要素，恰如仇恨是你的要素。……也许他常年在磨难中生活，养成了一种对一切事物的反应能力以及作出自己结论的习惯。他一生都是一个孤独的特殊人物。即使他和别人做一样的事，其方式也是与众不同的。

由于对土著居民持这样的态度，《走出非洲》曾遭到肯尼亚作家恩古吉的激烈抨击。恩古吉说，伊萨克·迪内森的立场完全是一个殖民者的立场，她对待土著的态度类似于对待动物。为伊萨克写传记的瑟曼也这么想："她对非洲黑人的关心是大人对小孩、人对宠物、农夫对家畜的，是居高临下的、俯视的。"许多人对此持有相同的意见，并列举《走出非洲》行文中使用的大量比喻，比如以形形色色的动物比喻土著人。还有人指出，她与她的白人朋友作为狩猎者出现在非洲，非洲的动物不过是她猎杀的对象。恩古吉与伊萨克·迪内森，是迄今为止肯尼亚为世界造就的两位最为杰出的作家。然而，关于非洲，两位作家代表的却是两种迥然有别的理解方式。有论者认为，他们分别代表了殖民文学与后殖民文学的写作立场，伊萨克·迪内森以殖民地和殖民地人为背景，恩古吉以殖民地和殖民地人为主角。

在非洲莽原狩猎在道德方面是否具有缺陷，恐怕只有在环保或宗教的意义上讨论才更为适当。如果讨论社会立场，那么这个问题才是核心：以动物比喻人是对人的降低吗？

一个基本的事实是,当伊萨克·迪内森那样比拟的时候,她对动物性中蕴涵的格调并无不敬,或毋宁说,她认为在某种意义上,野生动物具有比人类更优越的生命特性:"开化的人们已经失去了静谧的天性,他们只有向野生动物学习,补上这个空白,才能为其接受。"伊萨克·迪内森根本不是在比拟,而是觉得土著与野生动物具有相通的秉性:"你已经掌握了非洲的节奏,就会发现在它的一切乐曲里,都有着相同的音符。我从野生动物那里学到的东西,在同土著打交道的时候也不无用处。"

她认为,唯有土著人才真正与这个充满野性的环境,与这个环境里的一切,比如野生动物,更为协调、匹配、一体:"一切都是同一意念的不同表述,一切都是同一主题的不同表现。这不是异类原子的同类会聚,而是同类原子的异类会聚——恰似橡树叶、橡树果与橡树制品的关系。而我们自己,穿着长靴来去匆匆,与大地景观不时发生冲突。"

在土著人身上,伊萨克·迪内森发现了在文明社会里隔膜已久的气质,令自己羡慕的气质——丰富的想象力,热爱冒险,充满幻想与激情,处世不执偏见。

她如此解释自己对土著居民的情感:

至于我,从来到非洲的最初几周,就对土著萌发了深厚的感情。这是一种面向男女老少、非常强烈的情感。假设一个生来就同情动物的人,在没有动物的环境里成长,忽然与动物有了接触;假设一个天生热爱树木森林的人,到二十岁时才第一次进入森林;假设一个和音乐有奇缘的人,偏偏到长大成人之后才第一次听到音乐,那么,这些人就是现在的我。

也许,唯有把土著与非洲放在一起来理解的时候,我们才能感受到这是一种什么样的情感。许多人到非洲看风景,看大草原,看动物,看一切与自己气质迥异的对象,以为那就是喜爱。但伊萨克·迪内森认为,所有这些客观存在物都无法与土著居民相比,土著居民才是真正的非洲,他们从肉体到血液都是非洲的。并不是土著所在的环境,也不是土著的迎合,而是他们存在的方式本身"伟大而高贵",令人感到欣悦:"他们翻地,放牧,举行盛大的舞会,给你讲故事,这是非洲在漫游,在起舞,这是非洲在给你欢娱。"当然,她很清楚,这是一种"异类原子的同类会聚",因为成长的土壤不同,在本质上,她与自己羡慕的非洲气质是存在隔膜的。

可以确定地说,她对于非洲的情感不是设身处地的,而是对象化的,但又不全是一种观看和欣赏的情感。

她把自己融入了非洲,尽管是异质的,尽管这可能只是一种幻觉,但是,她的确觉得,自己已经化为这片莽原的一部分:"没有人能够辨别在什么地方,一种景观消逝,另一种景观开始。"她觉得非洲在净化她,在赋予她力量与梦想。在《走出非洲》里,这种被洗涤的感觉几乎无处不在:

伫立在清澈平静的树荫下,眺望金色的山峦、明净的天空,你会得到一种感觉:实际上你行走在海底,水流从身边淌过去,你仰望着大海的表层。

她说:"在这儿的土地和人中,有某种魔法般的东西。"

丹尼斯·芬奇·哈顿则以一种充满爱意的谦逊向她微笑。"魔法并非存在于这里的人和土地中,而是在观看者的眼睛里……你把你自身的魔法赋予了它,塔尼亚……泰坦尼亚。"

泰坦尼亚是一位仙女王后,曾深陷于和波特穆的爱情之中,因而对自己的魔力作出了过度的估计：我将净化你作为凡躯的笨重，使你能像空中精灵那样行走。

你的爱与梦给予了自己理解非洲的幻觉；但是，即使你有魔力，你也并不能操纵什么——丹尼斯·芬奇·哈顿说的也许就是这个意思。

泰坦尼亚的魔力并没有使波特穆转化为空中精灵。伊萨克·迪内森的梦想也没有实现。当她在非洲最终失去了维系那种贵族生活的物质根基，她并不能真的像一个土著人那样安享非洲莽原的赐予，她只能选择离开。

非洲的给予，最终在写作中，在对这段刻骨铭心的生活经验的反刍中被整全地消化。现当代文学史上，还没有另一部纪实性的散文作品能像《走出非洲》这样，在如此长的时间里，激起如此多的人们，对非洲大陆产生如此浓烈的兴趣。电影《走出非洲》的成功改编在全球掀起了更

屋子后面是生长了一百多年的火焰树

240

强烈的迪内森热,以至于她本人的生活和经历引起人们的强烈兴趣。喜欢这本书的读者无不赞叹它格调卓异的优美。天上聚集的云彩,地平线上的雨水,初雨的草腥味和泥土味,非洲的动物——狮子、大象、长颈鹿、羚羊、狒狒、火烈鸟,激情而质朴的土著居民,他们构成的那种凛冽的美,只有身心俱在其中的人才能品味。

少有人注意到,这个反刍的过程并不是在一本书里完成的。她的第一本书——短篇小说集《七个哥特式的故事》,大部分构思于非洲。一部分是在非洲写成的。非洲的味道,其实浸透了她全部的文字。时隔三十年,1960年,她的主题再次回到了非洲。创作《草地上的影子》的时候她已经重病缠身。这本书,是她为自己的创作生涯画上的句号。也许她是要借此表明,在全部的个人经验中,非洲的赐予才是贯穿一生的主线。

《草地上的影子》以对法拉赫(她在非洲的索马里管家)的欢呼为发端,以“高地的回声”为结束,由四幅各不相同的图景构成。文字在这里变得轻逸了。这种轻逸,就像她曾经写过的一个女人,看似柔弱,却会带给人巨大的力量:

她看上去并不像那么有力量。我会对你说这是怎么回事。要是一个人一生都处在逆风逆流里,突然头一回登上了一艘船,那船,像我们今夜这样,顺着清冽的海潮和清冽的顺风朝前行驶,那么,他一定会感觉到特别有力量。……因为,这时的水力、风力和船已经合为一体了。只有这一艘船懂得让自己与水和风结合在一起,让它们为自己服务。我就是这样,此生在我父亲的卵翼下学会了和生活的水流风流搏斗。但在这个女人的胳膊里,我感觉到的是与它们的和谐,被生活本身托起向前。

这是一种与周遭的世界合而为一的力量。但并非所有的事物,都可以与人完美无缺地结合,把人托起向前。所以,一个人应该待在哪里,也

241

许并不是一个地理意义的问题。寻找的过程,总是"过尽千帆皆不是",每前行一步,每一次迂回,都必须经过足够的折磨;而获得,却是一种辨认之后的顺服。

1934 年,《走出非洲》写到最后一卷,她的引题是:"诸神和人们,我们都如此受骗!"也许三十年之后,直到写作《草地上的影子》的时刻,她才在生命本身的意义上,走出了非洲带给她的挫败,也在灵魂的意义上,抵达了她"最应该在的地方"。

四 我为欢乐而至

爱故事的人都爱自然,也热爱一切油然而生的情感,比如爱情。对于伊萨克·迪内森而言,爱情并非是必然与俗世生活相关的亲密关系,而是另一重可遇而不可求的世外桃源,是另一个非洲。

1918 年,伊萨克·迪内森的婚姻已经维持到第五个年头。丈夫布罗尔沉迷于猎取野生动物并猎取女人,根本无心和她一起守着种植园。他常常一去就是几个月,使她形同寡居。就是这个时候,在她的非洲种植园,她遇到了丹尼斯·芬奇·哈顿。

当然,并不像某些传记所理解的那样,丈夫的缺席给了她和丹尼斯·芬奇·哈顿足够的机会,而是这个独居的空间,令她更切肤地感觉到那种异质的文化环境带给白人移民的惊奇与孤寂。在失却母语文化背景的非洲,任何一个白人都会感到那种异常的寂寞:"在夜的寂静里,分分秒秒从时钟上滴下来,生命也恍如伴随着分分秒秒,从你身上滴落。"因而,丹尼斯·芬奇·哈顿与伯克利·柯尔的出现,首先意味着一种温暖的精神呼应:"在拓荒的国土,好客不仅是旅行者,而且是定居移民的生活之必需。一位来客就是一个朋友,他带来的信息无论是好是坏,对于

丹尼斯·芬奇·哈顿

孤寂之地的饥饿心灵无异于诱人的面包。来庄园的挚友是天堂的信使，他带来了福音。"

在非洲，朋友来访，是伊萨克·迪内森生活中的一大乐事。在《走出非洲》里，她并没有花很多笔墨去叙述她的爱情，却用了整整一卷的篇幅，兴致勃勃地谈及她的"庄园来客"：麦克米伦夫人，精通世界经典文学的修斯·马丁，滔滔不绝的古斯塔夫·穆赫尔，狂热地经营农庄的英格丽特·修斯特劳，永远怀抱梦想的老绅士布尔派特，将不久于人世的汤普森夫人……这一卷的副题是：在绝望之后。

为了使来访的朋友们高兴，她常常尝试新菜谱。她的兴奋溢于言表，令庄园的土著仆人们受到强烈的感染，以至于她的管家法拉赫和厨师卡曼坦都以慷慨地招待朋友、炮制一道新菜式为荣。故事，则是她招待好友的一道精神大餐。她会和他们坐在餐桌旁交谈，一直聊到黎明时分。她喜欢以自己钟情的讲故事的方式取悦土著，也取悦她的朋友。

"他们"——我想她更多的是指丹尼斯·芬奇·哈顿与伯克利·柯尔——喜欢把她的庄园作为旅行狩猎归来固定的落脚点。伯克利·柯尔把她的庄园称为"我的森林疗养地"。丹尼斯·芬奇·哈顿则从1924年起，每次狩猎结束，都会回到伊萨克·迪内森的庄园居住。她这样写道："丹尼斯在非洲，除了我们庄园没有另外的家。"

丹尼斯给予伊萨克的，则是尽情享受非洲原野的馈赠。他与她联手猎取狮子，在草丛里喝酒，在篝火旁跳舞。他时而带着新唱片不期而至，在她的门廊下打开留声机，以溪流般的音乐迎接她骑马归来。最令她难以忘怀的，是他们在非洲上空无数次的飞行——准确地说那叫做飞翔，因为他们在天空中的遨游漫无目的，完全是随心所欲。他开着"莫斯"型小飞机，带着她飞越非洲高原，看原野、森林与世上最美的山峰，看气势非凡的黑色暴雨，看月球景象般的裂谷与火山，看浩瀚的纳特隆湖和万霞湖，看成千上万群集飞翔的火烈鸟，看咆哮的阵势惊人的野牛群。

飞翔，令非洲的奇异与神秘一下子变得触目可及。

对于怀有激情与梦想的人而言，也许唯有飞翔，才算得上真正的生命景象。在恩贡山顶野餐的时候，他们眺望着无尽的森林和惊心动魄的大峡谷，讨论了一个意味深长的问题：如果可以拥有一对真的翅膀，永远不能卸下，我们是否愿意？

飞行为她打开了另一个世界——他称之为"从上帝眼中看世界"——那就是他送给她的礼物，是爱情至高无上的给予。相爱的那段时光，飞行成为她生活中至为重要的乐事。她觉得那可以自由翱翔的高空才是她的故乡："只有在空中，你才进入了三维世界彻底自由的王国；经过漫长岁月的流亡与梦想，思乡的心回到了宇宙。"

我相信，这样一对爱人，如果可以拥有永远不能卸下的翅膀，他们一定是愿意的。

她在以怎样的心情爱他？即使把《走出非洲》读得再仔细，也不能从中得到更详尽的解释。她的爱情藏在一切景象里，总是以托物起兴的方式流露：

《走出非洲》剧照:丹尼斯为凯伦汲水洗发

每当他回到庄园,一切都向他敞开。庄园也会说话——如同咖啡园会絮语一样。当雨季的第一场新雨之后,咖啡花开了,湿漉漉的花朵汇成一片白垩般的云朵。我等待着丹尼斯归来,听到他的汽车声响亮地由远及近,我会听见庄园里的一切都在叙说真实的故事……庄园深谙在他的心中有一种品性——世上他人不理解的——谦卑。

这是一种近乎慈悲的心情。

在他出门游猎期间,她会编很多故事,因为,丹尼斯·芬奇·哈顿的性格中有一点令她觉得珍惜——他喜欢听别人讲故事。他回到庄园就会问她:"你有新的故事了吗?"他和她席地而坐,他听故事听得兴致勃勃。

然而,在许多时候,她讲故事,并不仅仅意味着对故事的热爱以及对情人的取悦。正如阿拉伯故事里的山鲁佐德,她善于讲故事,但她讲了一千零一个故事,并不是出于对故事的热爱,而是由于必须用讲故事的方式来吸引国王,从而延长生命。她所热爱的故事成为安抚国王的手段。伊萨克·迪内森呢?当她自比为山鲁佐德的时候,我想她也并不仅仅是表明"我是一个讲故事的人",而是,她和山鲁佐德一样心怀焦虑。对

245

丹尼斯·芬奇·哈顿讲故事,到后来,连她自己也清楚地意识到,那意味着不安。这不安和山鲁佐德何其相似:山鲁佐德不能让那个男人愉悦,就意味着自己当夜要死亡;她不能让那个男人愉悦,就意味着自己随时会失去他。因为,"他只在自己想来的时候来"。如果还有什么可以约束这样一个男人,唯一的可能是:激情。似乎唯有故事才能让他感到欲罢不能,才能让他不断地回来。

然而,与其说她只能不断地构想新的故事以避免激情被时间和重复熄灭,不如说,她需要在故事中澄清一切,澄清爱情与梦想。故事是她灵魂中散发出来的馨香,并不是她设下的诱饵。

电影《走出非洲》中有个细节。欢娱过后,凯伦告诉丹尼斯:"我需要搞清楚这件事。"丹尼斯则警惕地反问:"为什么?"

为什么呢?那可能是无数男女都会遇到的问题:爱情延伸到后来,一个向往着占有,另一个却依然希望无拘无束。就像她试图在非洲留下自己的脚印,走出一条自己的路来一样,她也试图拥有丹尼斯。凯伦责备丹尼斯不想对自己的感情负责,丹尼斯则愤怒地反驳:"你的庄园,你的马,你的瓷器,你的吉库尤人……可我不想成为你的。"

这不符合伊萨克·迪内森的真相。她为自己选择的生活中,不太可能有这样的对话,因为她了解:"他为人的方式是从不为未来担忧的,似乎他心中有底,如果需要的话,他可以汲取不为人知的力量。他很自然地与我的观念不谋而合,对事,任其自然;对人,任其去想,去说。"那样的相爱,就像那句诗:

我决不为怜悯而来,
我为欢乐而至。

他们相恋十三年,其中有七年同居,但是并没有结婚。关于这一点,

246

一度被认为是伊萨克·迪内森的权威传记的一本书——朱迪丝·瑟曼的《伊萨克·迪内森,一个讲故事人的一生》,如同法官一样,给出了一个与电影《走出非洲》相类似的结论:她希望结婚,而他不愿意。无独有偶。在琳达·杜尼尔森《走出伊萨克·迪内森——在非洲,凯伦·布里克森没有讲出的故事》中,给出了更为传奇的解释:因为丹尼斯·芬奇·哈顿是一名同性恋者,或者说,至少是双性恋者;直到他的好友伯克利·柯尔死后,丹尼斯才有更多时间和伊萨克·迪内森单独相处。电影《走出非洲》中还有一个细节,凯伦对丹尼斯开玩笑说,如果你离开我,我就嫁给柯尔。

过于俗常地理解情感,不能不说是对情感的贬低。如果伊萨克·迪内森以狩猎的姿态与一个男人相处,那么,可以确定地说,她大可不必远赴非洲,而丹尼斯·芬奇·哈顿在她的情感世界里也就丧失了独一无二的地位。

丹尼斯·芬奇·哈顿或者伯克利·柯尔,或者其他什么男人,她有可能喜欢的男人,都或多或少地带有一战时期的雕痕。由于亲历铁血的残酷,他们对社会施加于人的教条抱有深切的怀疑与抵制,因而永远无法认同在令自己憎恶的社会中获取位置并扮演角色的生活,当然也就不可能遵循虚矫的社会秩序而去履行约定俗成的责任和义务。他们或者成为梦想者,活在对未来的想象中;或者成为恋旧者,活在对过去的缅怀中;或者兼而有之,希望避开此在,避开安居,成为流浪者。

伊萨克·迪内森不是作为一个女人,而是作为同样的人去理解这些。离开丹麦远赴非洲,她希望获得什么样的生活?难道是为了获得一种司空见惯的社会庇护下的生活——比如爱上一个男人,然后把他绑架进婚姻?显然不是。她的人生想往,不是用爱情和婚姻就能够涵盖的。

伊萨克·迪内森认为,人在大多时候是不能被人正确认知的,人们看到的往往是一个人的假象,人自己也不能看清自己的真相。爱情对于

247

她而言,首先是一种深度的友谊,是一种灵魂的反观:

爱情应该是这样的,它应该意味着生活道路上的一个能反射我们的气质,我们的幸与不幸,能向我们保证一切并不全是梦的心灵与人性的伴侣。

她认为,男女关系中普遍存在着一种对于女人的羞辱,那就是,与女人对待感情的隆重相比,男人的态度过于随便,这令男女关系出现了一种戏谑的效果,从而令许多女人觉得羞耻,觉得不舒服。这种被贬低的感觉,她在写卡曼坦的时候也曾触及:"在那里,这位出色的厨师在深思中行走,满腹厨艺;可是人们却只能看到一位双膝有些弯曲的基库尤人、一位侏儒,长着扁平、安静的脸。"她笔下最有力感的一个女性,裴勒格林娜·莱昂妮,"她的爱情生活折磨她,并不是因为她的虚荣心受到伤害",而是那些围着她转的男人"并不是在追求一位伟大的女高音,而是在追求那个长着一双星星般的眼睛的年轻的绝世美人",因而,"她对他们的肤浅和虚伪从来就淡然处之"。但是,由于这样严重的不对称,她还是倍感羞辱,她"因为世界不能再宏伟而深深受到伤害,而深深失望"。(《梦想者》)

是啊,那个男人,他有爱情,也许还很激烈很浓密,但如果他爱的不是你的灵魂与人格,不是爱那些你之所以为你的独特性,而是爱你微不足道的部分,比如眼睛、头发或者臀部,甚至爱你的身外之物,那么,这样的爱情又怎能不显得可疑呢?它甚至在某些时候会显得卑琐,简直是对你的诋毁。

伊萨克·迪内森,她当然渴望与那个男人相依为命,她一度想与他生养孩子。只是,她也十分明了自己的爱情。她最欣赏的秉性之一,就是"具有真正的勇气:对危险的由衷的热爱——对宣布他们命运的创造性的回答"。她爱的正是那个男人的自由与危险,爱他给予她的活力和不安——在令人惊诧的无限可能中,她与他息息相通。她爱的是一个冒险者,流浪者,或者,一个永远在路上、永远在做梦的人。

在某种意义上,她并不总是自我统一的。或者这么说,身为女人,她没有完全从感性的温暖中脱身而出的动机,她偶尔会从梦想中醒来,以俗常的心情去期待他——她喜欢逃脱又希望猎取,她喜欢冒险又希望守护,她喜欢那个男人天马行空,又希望他为了她例外地留下。

五 任何一种社会身份都会成为陷阱

伊萨克·迪内森喜欢用笔名,而且,她选用的笔名总是男性化的:伊萨克;皮尔·安德烈塞;布里克森。

这让我想起西方文学史上一再出现的这些带有男性色彩的名字:乔治·桑,简·奥斯汀,克诺·贝尔,乔治·艾略特……而中国文学史上那些佚名或以假托方式流传的作品,也多出自女人的手笔。伍尔夫说:当我们看到一个女巫,一个着魔的女人,一个聪明的卖草药者,一个杰出者的母亲,我们就隐约看到了一个失去的小说家。

书写的女人总喜欢竖一道屏风,把自己藏到后面。

在伊萨克·迪内森开始写作的时代,20 世纪 30 年代,女性写作已经不是令人惊奇的事,只是,即使是在风气相对开明的欧洲,文学作品依然由于作者的性别而受到区别对待。

从发表和出版的角度看,男性作家的作品显然更容易被认可。这可能并非完全处于故意,而是由于观念与感受的隔膜。不可否认,男性与女性对世界和生命自身的认识与感觉,乃至两性的立场、道德观、智识趋向与趣味取向,都存在天然的区别。出版界的裁判们大多是男性。女性表达在这样的视野里也许会显得絮叨、细碎、不得要领,总之,显得奇怪。如果表达风格上的区别可以被挑剔,那么这种指向女性表达的挑剔简直可以所向披靡,比如,有人说,女性表达"充满了更浓重的身体气息"。

被读者区别对待的情况也许更为严重。一位女性作家的生活和作品的联系,总会令一些读者抱有分外的好奇。遇到女性作家的作品,阅读者的注意力很容易转到作品之外的某些方面,最典型的是,他们会有这样的问题:她在写自己吗?似乎相对于生活本身,女性写作在表达的意义上是力不从心的,作品难以给人提供比自身经历更丰富更有分量的东西。因而,女性写作,即使时至今日,也往往是在作为自传的意义上,在隐私的意义上,才更引人注目。

罗兰·巴特写了一本小说,却把它叫做《罗兰·巴特自述》,这种故意的拟真,被视为一种创作手法。伊萨克·迪内森写了一本传奇故事,却依然被视为自传性作品。

这一点,比来自出版方面的困难更令伊萨克·迪内森难以忍受。伊萨克·迪内森在谈及作家身份的时候说:"如果读者明知作者是一名女性,就不会认真对待这本书。人们会问,是你亲自的经历吗?你到过这些个地方?"把作品里的女人等同于作者本人,等于逼迫一个作家在公众面前无可逃避地确证自己的生活细节,这个对于她,也许对于所有的女性作家,都是一件尴尬的事。

避开关于女性文学的争论,也是她的目的之一。"女性文学"是个颇可恶的词。"文学"之前应该有关涉写作者身份的修饰语吗,比如"女性","亚裔","华人","黑人"?任何这一类的修饰语,都带有特别关注的、群体平衡的味道,它令真正的写作者产生被归类被规定的幽闭感。伊萨克·迪内森,这个"永远不会再让我的心和我的整个生活都被女人这一身份所束缚"的写作者,当然不会乐于把自己的创作卷入"女性文学"的讨论。

伊萨克·迪内森要竭力避开的并不仅仅是女性身份,她一直尽可能避开任何可能困住她的身份——女人身份,或者作家身份。

她认为,任何一种社会身份,由于总要在生活中被人指派一个固定的角色,因而都极易成为一种陷阱,遮蔽生活本身的无限可能性。她"对于被固定在某个陷阱中有一种本能的恐惧",因而,她想把自己的真实身份隐藏起来,或者说,她想把这个写作的自己与所写的故事以及写作带来的荣耀彻底地隔离开来,那样她才觉得自由。成名之后,当人们问到为什么要将小说的时间背景放在一百年以前时,她回答说,只有那样我才能感到完全地自由。

伊萨克·迪内森早在青年时期就已经开始写作。1907 年,二十二岁的伊萨克·迪内森在《旁观者》杂志发表第一篇小说《隐士》;不久,又发表小说《犁田者》。她被人鼓励继续写下去。照亮公共领域的光是如此强烈,当感到自己有可能被罩上一重身份的时候,她立刻决定不再写了。她说,她从未有过任何写作方面的抱负,"从来没有想过要成为一位作家"。

奔赴非洲之后, 她全部的兴趣就在于建设并保持那样一种十分自我的生活,在那里随手写下的一些文字,只是为了消磨时光,在漫长的干旱季节减轻自己对农场的忧虑。而那些文字可能很多都被随手扔掉了。回到丹麦以后开始写作,则是因为她"必须谋生",而她"只会做两件事,厨艺……也许还有写作"。如果能够一直待在非洲,拥有自己的生活和爱情,那么,也许,伊萨克·迪内森根本不会有兴趣把它写下来。

阿伦特在《黑暗时代的人们》中论及伊萨克·迪内森对作家身份的逃避:"一种比对陷阱的恐惧更重要的东西,使她在一次次的遭遇中顽强地保卫着自己, 使自己避开了作为一位天生的作家和一位创造性的艺术家的身份。"

这种东西是什么呢? 阿伦特认为, 这种东西是一种人生守则——

"去生活"。"去生活",很早就成为伊萨克·迪内森生命中最要紧的事。

纵观她的写作过程,我无法不感到她对于这种生存方式的热爱。从二十二岁到临终之前,她的写作断断续续,经历了许多不顺,但她一直没有放弃过。

这与她拒绝身份的主张似乎是相悖的。其实,她并非不喜欢某种身份,比如作家身份,而是不喜欢为任何身份所困。她喜欢多重身份,她喜欢做一个梦想者,去经历多种截然不同的生活,或者说,她想成为许多人,而不是某个固定的人;她希望不断地转换身份,而不是困守在一种固定的身份里。

一个女人,有这样那样一个名字,要是不幸福的话……那我马上走开变成另外一个女人:城里一个织花边的女人,一个女子小学的女教师,或者一个去耶路撒冷朝觐圣陵的女人。我可以变成许多许多的女人。……我再也不会只是一个人。从现在起,我要变成各式各样的人。从现在起,我再也不会把我的心拴在一个女人身上,受那么多的苦。……世界上的每一个人,都应该成为不只是一个人;那样,他们全都,是啊,他们全都会觉得心情轻松一点。他们的心会平静一些,安定一些。(《梦想者》)

这个著名的歌剧演员裴勒格林娜·莱昂妮,在一次大火中失去了嗓音之后,就决定彻底丢掉固定的身份,去进入各式各样的生活——她成为罗马的交际花,成为一呼百应的革命家,成为一个将军的遗孀……在无限的生命可能里,这个女人终于找到了和自己丰富的内心相称的表象。这一次,伊萨克·迪内森给了一个女人这样的机会,让她在失去了固有的身份之后,还可以沿着梦想的指引,去导演自己的人生。伊萨克·迪内森让裴勒格林娜·莱昂妮成为自己的上帝。

这真是太像她本人了。无怪乎,尽管《梦想者》是一个虚构的故事,却被许多人认为,这是最像自传的一部作品。

一点不错,活得充分,始终是她唯一的渴望。讲故事或者写作,对她而言,是以做梦的方式在无穷的可能中度过人生,是以最强烈的方式"去生活"。

伊萨克·迪内森认为,讲故事是为了将生活充分地释放出来,是更完整地、深度地保存生活的方式;缺乏讲述生活的想象力,会妨碍人们生存。"对故事的永恒的、坚定不移的忠诚",仅仅意味着对生活的忠诚,它不去虚构而是接受生活的赠与,通过回忆、思索,然后在想象中重复它们,证明我们配得上接受那样一种生活的分量。

只是,与对待情人的态度相似,最后,当那个身份变得日益庞大,对于写作、作家的身份以及由此而来的名利,她其实也并没有保持警惕。阿伦特说,她曾经写到过的一条巨蟒绞杀蚯蚓的情景,在某种意义上,正是"人们在逐页阅读她后半生的成功以及她如何享受它们时的感受。……她身上如此强烈、如此大胆的热情,都被浪费在与读书月俱乐部的精英和上流社会的尊贵成员的交往中,以至于早年那清醒的洞见最终遭到的回报却是一些零钱般的、让人悲哀的奖章、奖品和荣誉"。

六　我不让你流逝,除非赐福于我

1931 年,当四十六岁的伊萨克·迪内森离开非洲大陆回到寒冷的丹麦的时候,她已经一无所有:空壳的婚姻早已解除,留给她的是难以根除的疾病和终生不能生育的苦果;苦心经营十几年的咖啡种植园因为破产被强制拍卖;情人丹尼斯·芬奇·哈顿,就在她离开之前不久,在一次单独飞行中突遇故障,坠机身亡。

伊萨克·迪内森返回丹麦时年近半百

　　如果生命是一棵不断生长的树,那么,这时候,当秋天已经降临,她的过去却被命运的飓风连根拔起,连一脉根须都没有留下。这个年已不惑却失去了生命坐标的女人,还可以怎样坚持?在获得反刍的勇气之前,她怎样度过了那种黑铁般的绝望?她怎样穿过了最崎岖幽暗的路程,抵达了生命中的另一种巅峰?

　　每当沉浸在那些关于非洲的文字里,我不能不被她记忆生命的优美方式所吸引,被一个女人消化困厄的力量深深震撼。那些以丹麦语或英语写成的故事宁静而坦荡,连悲伤与绝望都显得云淡风轻。看着那些,我不能不相信她的确经历过常人望尘莫及的时光——她说,那是"活在云上的日子"。回到丹麦以后,她在寒冷的荣斯特德这样回想非洲:"最个性的景致,最令人沉溺的,是那样的天空。回顾在非洲高地寄寓的时光,你会被那种曾经生活在云上的感觉蓦然袭击。"就是这样的感觉,如果过去曾经以无可比拟的丰沛掩埋过你,如果过去曾经以无上的美感打动过你。

在《走出非洲》第四卷《一个移民的札记》中,伊萨克·迪内森回忆的是微物:萤火虫,鬣蜥,鹦鹉,牛,小狗,小鸟,还有地震,求雨,一些逸闻趣事。与《走出非洲》其他四个章节相比,这一卷的文字令人难以体味到充分的在场感。它差不多是游离的、过去完成时的,与骑马走荒原的寂寥与苍凉迥然不同:

农夫站在他的房前,抬头仰望,仿佛悬浮在半空,要挤出更多的雨水来。他向着苍穹呼唤:"下吧,下个够,再多下点。我的心此刻向你袒露,我不让你流逝,除非赐福于我。"

这是多么不甘心的一个人呢。尽管命运十分吝啬,但是,她一直具备一眼看到生机的能力。有如沙漠里的荆棘树,对经过它的每一丝给养都保持着异常灵敏的感觉和强悍的捕获力。她对经过自己的生活,也是如此,不榨尽它的每一滴营养,她就不舍得放手。

在非洲,不要说那些风景卓异的高原,即便是城市,比如内罗毕,她只要走进,这个地方就会被她的热情所吸噬。

内罗毕是生机勃勃的地方,它在运动,有如流动的水……内罗毕在对你说:"充分利用我,充分利用时间——无拘无束地,贪婪地!"一般来说,我与内罗毕互相理解,颇为默契。有时候我驾车穿过城区,忽然产生一种奇怪的想法:没有内罗毕的马路,也就没有世界。

这样的吸噬甚至包括了一次地震。地震,让一切意料之外的东西、可能性微弱的东西突然实现,有如幻象成为现场,令她欢欣不已:

真的,在地震的整个过程中,正是这种欣喜、狂热的情绪支配着我,震撼着我。巨大的快感蕴涵在这样的意识之中:你认定凝固、静止的东西,竟然自行运动起来。……这也许是世间最欢快、最充满希望的感觉之一。

即使在庄园的经营危机重重、濒临倒闭之际,她仍然坚信"自己必须葬身非洲","基于这一坚定的信念,我没有其他理由或原则去想象此外的任何事情"。

这种不甘心,这种执意,仿佛与伊萨克·迪内森的人生观格格不入。

伊萨克·迪内森热爱格言。"上帝爱开玩笑"是她热爱的格言之一。如果说在幼年时代,从得知父亲死于自杀的那一刻起,宿命的感觉就已经悄然生根,那么,在她曾经倾注了全部热情的非洲生活坍塌之后,被神魔委派的感觉就成为一种确凿无疑的人生观。她说,她在非洲失去了她的生活和情人,而悲伤最终使她成为了一位作家并给予她第二次生命,这些最好都理解为上帝的玩笑。

也许不能说她是多么虔诚的基督徒。但是,喜欢诵读《圣经》的伊萨克·迪内森在人生的跌顿中还是渐渐笃信了这样一种来自《圣经》的观念:作为上帝的创造物,人之此生,是被安排来实现上帝的意志的。

《七个奇幻的故事》中有一个意味深长的中篇——《梦想者》,其中引用了一个犹太民间传说:有一个叫嘎勒姆的人,他个头很大,很有力气,但他只是一个泥人。他的生命是由魔法师吹进体内的,因而,他没有自己的意志,他所有的作为都是在执行魔法师的意志。而魔法师一般是用他去执行那些自己想为而不敢为的罪恶。

该怎么理解她的宿命感呢?上帝跟她开的这个玩笑,也是让她去实现他的意志,一种命定的、不可更改的意志:追求一种自我梦想的生活,旋即失去它,然后反刍它,讲述它——这是试验性的、奉献与交付一生的命运。

1931年,一无所有的伊萨克·迪内森返回丹麦荣斯特德,和母亲一起住在她出生并度过童年的房子里。这时候她已经四十六岁,两手空空,身心俱伤。并不像人们所想象的那样,她经过了一个时期的修复才进入了写作,不是的。几乎没有间隔,很快,她就以惊人的毅力与自制,完成了早已计划好的《九篇故事》。

　　这样的写作,依然带着不依不饶的劲头——这意味着在彻底失去曾经构成生活的重要成分之后,对曾在之物的打捞:"如果不能在想象中重新经历一次生命,你就永远不能活得充分。"

　　仍然是那句话:我不让你流逝,除非赐福于我。

　　非洲,我不让你流逝,除非赐福于我。

　　爱情与梦想,我不让你流逝,除非赐福于我。

　　在这个意义上,波拉克还是理解伊萨克·迪内森的。电影《走出非洲》为凯伦和丹尼斯·芬奇·哈顿安排了一个意味深长的告别。凯伦说,要是将来有一天,我撑不下去的时候,我就想想这个夜晚……那么,和

《走出非洲》剧照:凯伦庄园破产后准备离开非洲,他们在空荡荡的房间里跳了最后一支舞

257

我跳舞吧。

——这依然带有设定的味道。不过,这是多么令人歆歔的设定呢?她不让这最后的夜晚流逝,除非,这个夜晚以如此优美的方式,预付给她一种回忆。

她不让生活流逝,除非,生活在被重述中给予她足够的回馈。

1934年,她用英语完成第一部小说集《七个哥特式的故事》,先后与几家出版社联系出版都碰了壁。后来,得益于姨妈和弟弟的帮助,通过贝丝姨妈的朋友、美国女作家桃乐赛·康·费歇尔的推荐,出版商罗伯特·哈斯终于同意选择《九篇故事》中的七篇,以《七个哥特式的故事》为名出版了她的第一本书。这个版本还没有出版,就被"本月书选"选中,于是哈斯决定扩大印刷量;书稿的版权同时被起初拒绝阅读书稿的英国普特曼出版社购买。小说集在美英同时出版后,获得出版界和读者的好评。由于首版引起的轰动性影响,第二年她将作品以丹麦文重写之后在故乡出版,书名改为《七个奇幻的故事》。

《七个哥特式的故事》出版之时,凯伦·布里克森第一次使用"伊萨克·迪内森"这一笔名。"伊萨克"源自《圣经》:撒拉得到上帝启示,说要赐给她一个儿子。她觉得自己年纪太大了,于是她大笑;但她还是生了伊萨克(即中文版本里的"以撒")。在希伯来文里,"伊萨克"(Isak)意为"大笑者"。以此为笔名,除了假托男性之外,无疑还有某种对待世事的揶揄在其中:上帝的赏赐来得这么晚,这么阴差阳错,但是,它毕竟还是来了。

这个赏赐,是让她讲述。

《梦想者》的讲述者、"讲故事的人"弥拉说,人就像是被世界喝下的美酒,他上了世界的头,他融进了世界的血液,他让世界的血流得更急速,让世界更热烈颜色更红,可是世界最终会把他变成一泡尿撒出来。当别人问他:"在生活很想把你撒掉的时候,你又怎么能友善地对待生活呢？"弥拉回答:"我做梦。"他说,做梦的人可以让世界在他的周围生成,可以看见自己要往哪里去。

伊萨克·迪内森的故事曾经一次次地召回她的爱人,最后,当一切寂灭之后,她的故事又在更高的意义上召回了自己。也许,如果不被讲述,那些事件就仅仅是失败,是始终无法承受的离丧;在讲述中,它们却成为"命运轶事"。

伊萨克·迪内森使用了一个显然与自己的经验有关的比喻:种植咖啡树的时候,如果它的主根被折断,过不了多久,折断面上就会长出许多细小的须根;那棵树不会再枝繁叶茂结咖啡豆,但它却会比一般的咖啡树开多得多的花朵。

她说,这些须根就是那棵树的梦。

显然,写作也是她的梦。写作意味着在输掉了现实世界之后,仍能够赋予所有的人生事件以意义。当然,越到后来,写作也越意味着同时给予她现实意义的成功。1937年,英文版《走出非洲》和丹麦文版《非洲农庄》分别在伦敦普特曼出版社和丹麦金谷出版社出版,次年2月再次被美国"本月书选"选入,3月再由美国纽约兰登书屋出版。伊萨克·迪内森享誉欧美。此后,又相继出版小说集《冬天的故事》、历史小说《复仇之路》,她的书得到丹麦国家广播电台和欧美各种媒体的大力推介,她也开始不断地得到各种奖项,直至被诺贝尔文学奖两度提名。

"我不让你流逝,除非赐福于我。"对命运的接受方式因人而异,但这样的顽强与珍惜,也许连上帝也会感到意外——这个由他赋予生命的泥人,在执行他的意志的时候,在顺服中,却实现了与自我梦想的遇合。

尊严乃是信仰,是上帝在创造我们时所具有的观念。自豪的人自觉地意识到这一观念,渴望兑现它。他并非为幸福或舒适而奋斗。那也许

259

与他心中的上帝的观念相悖。他的成功是上帝的观念,他成功地奋斗,他钟爱自己的尊严。(《走出非洲》)

既然上帝的意志与生命的尊严是合一的,那么,爱命运,顺从上帝的这个"玩笑"去讲述,是对生命的尊重,也是唯一与"生命属于神赐"相称的渴望。

伊萨克·迪内森由于疾病缠身,直到50年代中期才又接续写作,先后出版《最后的故事》和《命运轶事》。对于顺序与命名上的不合逻辑,她的解释是,她更重视《最后的故事》,因为它分量更重一些。《命运轶事》比较轻松,似乎已经没有什么期盼,而《最后的故事》重新使用了以前的主题:梦想。

的确如此。关于命运与梦想,关于生存的尊严与完整性,是她,恐怕也是每一个写作者,始终不能回避的问题。但是,以怎样的态度承受命运强加的一切,却因人而异。她说,地球之所以是圆的,就是为了让我们不要太快看到结果。前方充满了未知与可能,这个女人,她不喜欢回避,她足够好奇,而且兴致盎然,因而,一切人生经验都成为审美对象。

必须承认,任何一个拥有正常的理智与情感的人,都不会事先期待苦痛。没有一种生活是为着磨难而准备的,磨难首先是对生命的剧烈消耗。也没有一种生活是为着回顾而存在的,生活首先是充满变数、无比辛辣的当下。如果磨难最终竟然有幸成为生命的滋养,那么,所有后来才发生的价值,一定有过巨大的代价。原本稚嫩单纯的人性在命运的蒺藜丛中渐渐生趼,剧痛曾经令你的分分秒秒化为折磨,即使在时过境迁之后,谁还能够没心没肺地自我安慰说,苦难带给我们深沉与觉悟,这属于幸运的事?不,不是这样。承受磨难,是与生俱来的被动。

就是这种感觉——你曾经在现场活得目不暇接,你曾经沉浸到昏迷,你被一种一去不返的记忆击痛,唯有以这样一种心情回顾,才能看到那样的过往对生命有过多么凌厉的雕刻，才看到了属于你的失败与悲痛之中含有的煅炼与导引。

是你的经验而不是天赋，让你成为无可复制的你自己。

图书在版编目(CIP)数据

非常在:作为作家,还是作为女人/鱼禾著. —郑州:河南文艺出版社,2012.2

ISBN 978-7-80765-585-5

Ⅰ.①非… Ⅱ.①鱼… Ⅲ.①女作家 – 列传 –世界 Ⅳ.①K815.6

中国版本图书馆 CIP 数据核字(2011)第 272164 号

出版发行　河南文艺出版社
本社地址　郑州市鑫苑路 18 号 11 栋
邮政编码　450011
本社网址　http://www.hnwycbs.cn
电子信箱　master@hnwycbs.cn
售书热线　0371 – 65379196
承印单位　河南省瑞光印务股份有限公司
经销单位　新华书店
纸张规格　890 毫米 × 1240 毫米　1/32
印　　张　7.625
字　　数　205 000
版　　次　2012 年 2 月第 1 版
印　　次　2012 年 2 月第 1 次印刷
定　　价　32.00 元